secrétariat.com

Collection.com-activités

Emmanuelle Daill

CLE INTERNATIONAL
www.cle-inter.com

Avant-propos

Secrétariat.com s'adresse à ceux qui pratiquent ou désirent pratiquer le français dans des activités de secrétariat :
– professionnels du secrétariat étrangers (secrétaires, assistant(e)s, assistant(e)s de direction) ;
– étudiants étrangers, en formation initiale ou continue, se formant aux métiers du secrétariat.

▸ ***Secrétariat.com*** est accessible à un niveau élémentaire (fin du A1, début du A2 du Cadre Européen Commun de Référence pour les Langues).
Secrétariat.com est un livre d'activités conçu pour être utilisé en classe ou en autonomie. Les cinq parties du cahier sont construites à partir de situations professionnelles concrètes afin que l'étudiant puisse s'approprier les outils qui lui sont proposés.

▸ Chaque chapitre propose :
– des textes ou documents écrits accompagnés d'activités de compréhension ;
– des exercices pour manier le lexique spécifique et les points de langue qui correspondent aux savoirs, savoir-faire et savoir-être abordés ;
– des encadrés qui apportent des informations complémentaires, utiles à l'exercice des fonctions de secrétariat en France ou en milieu francophone.

▸ Un mémento lexical et les corrigés complètent le livre.

Direction éditoriale : Michèle Grandmangin
Édition et maquette : Jean-Pierre Delarue
Illustrations : Eugène Collilieux
Mise en page et couverture : CGI
Recherche iconographique : Christine Varin

Crédits photo couverture :
© Chederros/Reporters-Réa

ISBN : 209-033182-8

Sommaire

1. J'exerce un métier varié

1 Ma place dans l'entreprise

I. Trois secrétaires témoignent :

1 **Dans quel type de structure travaillent ces secrétaires ?**

Type de structure	Prénom
1. Association	
2. Cabinet médical	
3. Entreprise	

2 Chaque type de structure a ses propres caractéristiques, reliez chacune d'elles à sa définition.

a) Entreprise.	**1.** Regroupement de personnes à but humanitaire, social ou culturel.
b) Association.	**2.** Bureau d'un ou de plusieurs médecins.
c) Cabinet médical.	**3.** Établissement commercial et/ou industriel.

3 Relisez les témoignages. Quels mots utilisés par les secrétaires correspondent aux définitions suivantes ?

a) .... : personnes qui font appel au service d'un médecin.
b) .... : à l'inverse.
c) .... : toutes les personnes.
d) .... : unités qui regroupent les personnels de l'entreprise en fonction de l'activité.
e) .... : personnes qui travaillent sans obligation et sans recevoir de salaire.
f) .... : tâches, activités professionnelles.
g) .... : secrétaire.

4 Que pensent-elles de leur travail ?

Ces expressions sont-elles positives ou négatives ? Cochez la case qui convient.

Leur point de vue sur leur travail	+ (positif)	– (négatif)
a) C'est très motivant.		
b) C'est ennuyeux.		
c) C'est lassant.		
d) C'est passionnant.		
e) C'est intéressant.		
f) C'est fatigant.		
g) C'est captivant.		

POUR INFORMATION :

- En France, 800 000 femmes exercent le métier de secrétaire ou d'assistante. C'est un métier essentiellement féminin : seul 3 % des secrétaires sont des hommes.
- Trois assistantes sur quatre travaillent dans des entreprises.
  Les PME-PMI sont les premiers employeurs des secrétaires, une sur deux travaille dans une entreprise de moins de 50 salariés.

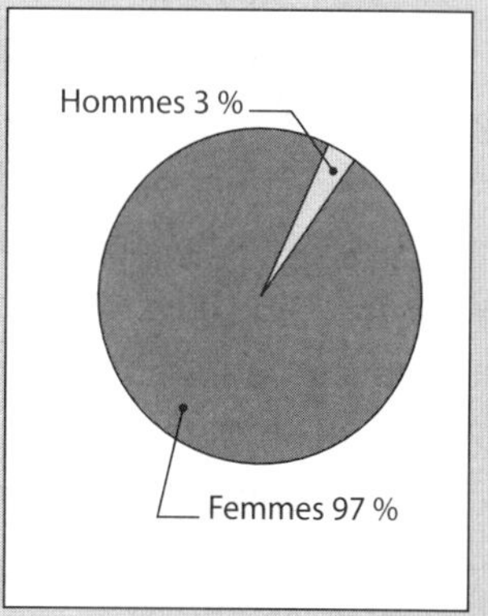

5 Et vous ?

Dans quelle structure travaillez-vous ou souhaitez-vous travailler ?

....

....

....

Que pensez-vous de votre travail dans cette structure ?

....

....

II. L'organigramme d'une entreprise

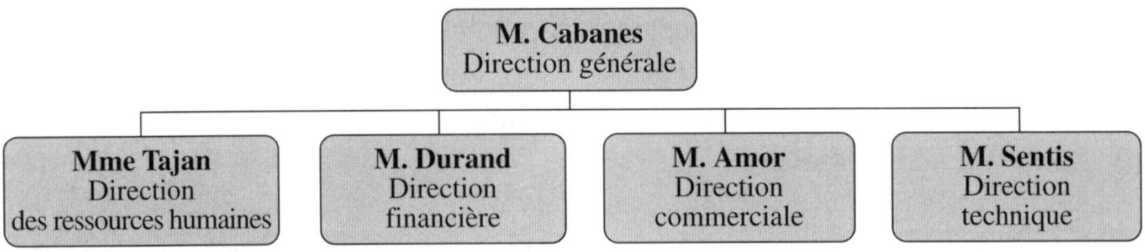

6 Qu'est-ce que c'est ?

Ce schéma permet de présenter

❑ le plan d'une entreprise.

❑ l'organisation de l'entreprise.

❑ tous les employés d'une entreprise.

7 Vous avez compris ?

Laure Martin travaille dans cette entreprise de fabrication de cahiers, elle la présente à une stagiaire. Pour permettre à la stagiaire de mieux comprendre sa présentation, complétez le dialogue à l'aide des mots proposés : *assistante – carrière – Amor – service – Sentis – direction – Cabanes – Durand.*

« Monsieur **a)** .... dirige l'entreprise. Plusieurs personnes travaillent à ses côtés. L' **b)** .... de direction s'appelle Marie Lemoine. Elle gère tous les dossiers de la direction et a aussi un rôle de conseiller.

– C'est la seule assistante de l'entreprise ?

– Non, bien sûr. Chaque **c)** .... a son assistante. Vous voyez, moi, je travaille au **d)** .... des ressources humaines, nous nous occupons du recrutement et du suivi de la **e)** .... du personnel. J'ai reçu votre CV, par exemple.

– Et vous avez décidé seule de me proposer un stage ?

– Non, comme vous faites des études de comptabilité, le service financier est intéressant pour vous. Monsieur **f)** .... a donné son accord.

Mais vous pourrez aussi aller observer ce qui se passe dans les autres services. Comment on fabrique les cahiers par exemple : pour cela vous irez voir Monsieur **g)** .... Et pour savoir comment ils sont vendus : Monsieur **h)** .... vous expliquera !
– Merci beaucoup pour ces explications, Madame Martin. »

8 **Nommez les temps employés dans le dialogue. Complétez les rubriques du tableau.**

avant — maintenant — après

....	....	....
« J'ai reçu votre CV » « vous avez décidé seule » « M. Durand a donné son accord »	« Elle gère tous les dossiers » « nous nous occupons du recrutement » « vous faites des études »	« vous pourrez aller observer » « vous irez voir M. Sentis » « M. Amor vous expliquera »

9 **Pour Sophie, c'est le deuxième jour de travail dans l'entreprise. Qu'a-t-elle fait depuis la veille ? Que lui reste-t-il à faire ?**
Pour le savoir :
1. Reconstituez les phrases qui décrivent son emploi du temps.
2. Classez ces phrases dans l'ordre chronologique : hier, aujourd'hui, demain.

1. Elle travaille au service ...
2. L'hôtesse d'accueil a annoncé son arrivée ...
3. Maintenant, Sophie partage son bureau ...
4. Madame Martin a expliqué à Sophie l'organisation ...
5. Demain elle continuera à observer le ...
6. Elle est arrivée à huit heures ...
7. Elle découvrira alors ...
8. Elle comprend le fonctionnement de ...
9. Peu à peu, on lui confiera ...

a) ... des tâches.
b) ... ce service et met en pratique ce qu'elle a appris pendant ses études.
c) ... les différentes fonctions d'une secrétaire.
d) ... et s'est présentée à l'accueil.
e) ... de l'entreprise et lui a présenté ses collègues.
f) ... financier de l'entreprise.
g) ... travail de ses collègues.
h) ... avec deux autres secrétaires.
i) ... et Madame Martin est venue à sa rencontre.

Hier : ....
Aujourd'hui : ....
Demain : ....

Bonjour !

- **En France**, lorsque l'on salue quelqu'un, on demande souvent « **Comment ça va ?** », « **Comment allez-vous ?** »… C'est une façon de marquer de l'intérêt pour la personne. Pourtant, on s'attend toujours à une réponse positive : « **Ça va, merci.** » ou « **Très bien merci et vous ?** ». Attention, en général, si vous n'êtes pas très proche (relation amicale ou familiale) ne racontez pas vos problèmes pour répondre à cette question, c'est une simple formule de politesse !
- Si vous travaillez dans une entreprise au Maroc, il est d'usage de demander des nouvelles de la famille au cours des salutations, ne pas le faire peut laisser penser que vous ne vous intéressez pas aux autres.

10 **À vous ! Quelle est l'organisation de votre entreprise ? Comment se sont passés vos premiers jours de travail ?**

....

....

....

....

....

....

....

....

2 Mes qualités professionnelles

I. Cherche secrétaires compétentes…

Importante société cherche
SECRÉTAIRE POLYVALENTE
Vous avez le sens de l'organisation et de l'initiative, vous avez de la rigueur et une grande disponibilité. Votre candidature nous intéresse.
Envoyez votre CV, lettre de motivation et photo au journal qui transmettra. Réf. SPG

L'association
LOISIRS POUR TOUS
propose emploi de secrétariat à personne motivée.
Vous avez une expérience du milieu associatif, vous êtes souriant(e) et à l'écoute.
Se présenter avec CV au local de l'association, 20 rue Casanova.

RECRUTEMENT
Boutique de mode cherche secrétaire comptable. Votre esprit d'équipe et votre excellent relationnel sont les qualités requises pour contribuer à la réussite de nos commerces. Poste à pourvoir sur Toulouse.
Merci de faire parvenir CV + lettre de motivation par courrierl à : dfourcade@lilamode.fr

11 **Ces annonces sont**

❑ des demandes d'emploi.
❑ des offres d'emploi.
❑ des demandes et des offres d'emploi.

12 **Les employeurs insistent sur**

❑ l'expérience des secrétaires.
❑ les diplômes des secrétaires.
❑ les compétences des secrétaires.

13 **Apprenez à lire une petite annonce :**

Classez les informations qui reviennent dans chaque annonce.
Remplissez le tableau.

	Structure	Poste à pourvoir	Qualités professionnelles	Contact
1.	Importante société			Journal, Réf SPG
2.			motivée, souriant(e), à l'écoute	
3.		secrétaire comptable		

14 **Quel adjectif pour quel nom ?**

Pour parler des qualités, on peut utiliser un adjectif ou un nom.
Faites correspondre chaque adjectif à un nom. Remplissez le tableau comme dans l'exemple.

Elle est ...

a) rigoureuse.
b) motivée.
c) polyvalente.
d) expérimentée.
e) souriante.
f) disponible.
g) créative.
h) discrète.
i) attentive.
j) professionnelle.
k) réactive.
l) autonome

Sa qualité est ...

1. la réactivité.
2. la disponibilité.
3. l'attention.
4. la créativité.
5. le professionnalisme.
6. l'autonomie.
7. la motivation.
8. la rigueur.
9. la polyvalence.
10. la discrétion.
11. l'expérience.
12. le sourire.

a.	b.	c.	d.	e.	f.	g	h.	i.	j.	k.	l.
8											

15 **Et si la secrétaire est un secrétaire ? Complétez le tableau pour connaître le féminin et le masculin des adjectifs.**

Masculin	Féminin
motivé	
expérimenté	
polyvalent	
	souriante
disponible	
	autonome
	créative
attentif	
	réactive
discret	
rigoureux	
	professionnelle

16 **Soulignez l'adjectif qui correspond à la personne.**

a) Son patron peut lui confier des dossiers confidentiels. Elle est discrète / créative / motivée.
b) Elle fait toujours son travail avec une grande précision. Elle est motivée / réactive / rigoureuse.
c) Il n'hésite pas à rester au bureau tard le soir. Il est attentif / disponible / expérimenté.
d) Son accueil est chaleureux et agréable. Elle est professionnelle / autonome / souriante.

17 **Directeur des ressources humaines cherche...**

Lisez les exigences de ces recruteurs et complétez leur offre d'emploi : aidez-les à trouver une secrétaire qui réponde à leurs attentes.

a) Martin, DRH : « Nous recherchons une assistante de direction capable de gérer des dossiers seule. Elle pourra réagir rapidement dans des situations d'urgence, et, le plus important sans doute, elle a une grande motivation pour travailler au sein d'une équipe dynamique ! »

> IMPORTANTE SOCIÉTÉ D'IMPORT-EXPORT CHERCHE
>
> **ASSISTANTE DE DIRECTION**
>
> Vous êtes ....,
> ....
> et ....
>
> Envoyez votre candidature au journal qui transmettra.

Association d'aide aux familles
cherche
SECRÉTAIRE
....,
....
et ....
Téléphonez au
05 59 61 63 91

b) Osman, responsable d'une association : « Nous avons besoin d'une secrétaire. Elle devra avoir une expérience du milieu associatif. Pour ce poste, il faut savoir porter de l'attention aux différentes personnes que nous recevons et toujours les accueillir avec le sourire, même dans les moments difficiles. »

18 Offre ou demande ?

Lisez ces textes de petites annonces et dites s'il s'agit d'offres d'emploi ou de demandes. Cochez la case qui correspond.

a) « Entreprise commerciale offre poste d'assistante. Envoyez CV, lettre de motivation et photo à l'attention de M. Dunon : dunon@complus.fr »
b) « Secrétaire médicale expérimentée cherche place sérieuse. Contactez-moi au 06 07 56 92 28 »
c) « Secrétaire bilingue recherche emploi stable. Étudie toute proposition. lili@yahoo.fr »
d) « Association recherche personne motivée pour emploi administratif. Appelez de 10 h à 17 h au 01 49 32 40 58 »

Annonce	Offre	Demande
a)		
b)		
c)		
d)		

19 À vous ! Vous cherchez un emploi de secrétaire, rédigez une petite annonce. Mettez en évidence vos qualités professionnelles.

....
....
....
....

II. La polyvalence, qu'est-ce que c'est ?

20 **Lisez le témoignage de Christine et soulignez la phrase qui atteste de sa polyvalence.**

21 **Qu'en pensez-vous ?**

Voici certaines des fonctions d'une secrétaire. D'après vous, s'agit-il de fonctions habituelles d'une secrétaire ou de fonctions annexes ? Cochez les cases qui conviennent.

Tâches effectuées par une secrétaire/ assistante	fonctions habituelles	fonctions annexes
Arroser les plantes vertes de tout le service		
Accueillir les visiteurs		
Répondre au téléphone		
Recoudre les boutons de son patron		
Faire le ménage quand la femme de ménage est malade		
Réceptionner le courrier		
Faire le café et le servir		
Effectuer le classement		
Organiser une fête pour un départ en retraite		

La polyvalence a-t-elle des limites ?

Être polyvalent c'est une compétence, un savoir-faire mais surtout un état d'esprit ! La fiche de poste d'une assistante ne prévoit pas toutes les tâches qu'elle sera amenée à effectuer. Plusieurs attitudes sont alors possibles :

a) accepter de tout faire (au risque que votre patron abuse de son autorité !) ;

b) faire uniquement ce qui est prévu sur la fiche de poste (et on vous reprochera votre manque d'adaptation !) ;

c) ou, ce qui semble être plus raisonnable, adapter son attitude à chaque situation : se laisser la possibilité d'accepter ou de refuser selon les circonstances.

3 Mon équipe

I. Le travail en équipe

Le magazine *Profession secrétaire* a publié un dossier sur le travail en équipe chez les secrétaires.
En voici un extrait. Lisez cette interview et répondez aux questions.

« ***Profession secrétaire :*** Avez-vous l'habitude de travailler en équipe ?

Anna Lombard : Oui, mais c'est récent. Avant, je travaillais en binôme avec mon patron : j'étais sa secrétaire. Depuis quelques mois nous avons réorganisé le service et maintenant, nous sommes quatre secrétaires pour six cadres.

Profession secrétaire : Et pourquoi ce changement ?

Anna Lombard : En fait, euh, c'était difficile de s'organiser quand je partais en congés. Et puis, il y a pas mal d'avantages à travailler en équipe.

Profession secrétaire : Ah oui, lesquels ?

Anna Lombard : Eh bien, cela nous permet de mieux utiliser notre temps. Nous avons décidé de réfléchir à une meilleure répartition des tâches en fonction de nos compétences. C'est plus facile en cas d'absence de l'une d'entre nous et, de plus, c'est très agréable de travailler à plusieurs. On est vraiment une bonne équipe : on sent que l'on avance ensemble. »

22 **Dites si les affirmations suivantes sont vraies ou fausses. Cochez la case qui convient.**

a) *Anna a toujours travaillé en équipe avec trois autres secrétaires.*

❑ Vrai.

❑ Faux.

Justification : ....

....

b) *Anna assure le secrétariat d'un seul cadre.*

❑ Vrai.

❑ Faux.

Justification : ....

....

c) *Anna pense que le travail en équipe présente de nombreux avantages.*

❑ Vrai.

❑ Faux.

Justification : ....

....

23 **Pour dire autrement les avantages cités par Anna, remettez les mots dans l'ordre et formez les quatre phrases.**

a) mieux / temps. / Nous / gérer / notre / pouvons /

....

....

b) organisation / trouvé / une / Nous / travail. / avons / meilleure / du /

....

....

c) facile / la / c'est / absente, / nous / Si / d'entre / plus / remplacer. /est / de / l'une /

....

....

d) bien / s'entraider. / pouvoir / de / C'est /

....

....

II. Le T.R.T.

L'équipe d'Anna a imaginé un tableau pour mieux s'organiser. C'est un T.R.T. Lisez-le et répondez aux questions.

Qui ? Quoi ?	a) Anna	b)	c)	d) Nathalie
Classement		✓	✓	
Gestion des fournitures		✓		
Téléphone ◗ accueil téléphonique ◗ prise de rendez-vous			 ✓ 	
Organisation des déplacements	✓		✓	
Réunions ◗ préparation ◗ participation ◗ compte rendu	 ✓ ✓ ✓	 ✓ ✓ ✓	 ✓ 	
Courrier *arrivée* ◗ ouverture ◗ lecture ◗ enregistrement ◗ dispatching				
Courrier *départ* ◗ rédaction ◗ saisie ◗ relecture ◗ expédition	 ✓ ✓ ✓ 	 ✓ ✓ ✓ 	 ✓ ✓ ✓ 	

24 **Le T.R.T. est**

❑ « un Tableau de Relation dans le Travail ».
❑ « un Tableau de Respect du Temps ».
❑ « un Tableau de Répartition des Tâches ».

25 **Laure et Patricia travaillent dans l'équipe d'Anna. Lisez la description des fonctions de Patricia et complétez le tableau. (Qui est b. ? Qui est c. ?)**

Patricia : « Je classe les différents dossiers du service et je gère les fournitures (le papier, les stylos…) pour toute l'équipe. Mon travail consiste aussi à préparer les réunions, j'y participe et j'en rends compte par écrit. En ce qui concerne le courrier, je rédige les lettres, je les saisis, les relis et les expédie. »

26 **Voici la description des fonctions de Nathalie. Lisez-la et complétez la colonne du tableau qui correspond. Cochez les cases qui conviennent.**

Nathalie : « Comme Laure et Patricia, je fais du classement. Je réponds au téléphone. J'ouvre le courrier qui arrive, je le lis, je l'enregistre et je le dispatche. Je m'occupe aussi de l'expédition du courrier. »

27 **Formez des paires nom/verbe. Complétez le tableau comme dans l'exemple.**

Les activités : 1. le classement ; **2.** la gestion ; **3.** l'accueil ; **4.** la prise de rendez-vous ; **5.** l'organisation ; **6.** la réunion ; **7.** la préparation ; **8.** la participation ; **9.** le compte rendu ; **10.** l'ouverture ; **11.** la lecture ; **12.** l'enregistrement ; **13.** la rédaction ; **14.** la saisie ; **15.** la relecture ; **16.** l'expédition.
Les actions : a) préparer ; **b)** rédiger ; **c)** prendre rendez-vous ; **d)** lire ; **e)** réunir ; **f)** expédier ; **g)** classer ; **h)** organiser ; **i)** enregistrer ; **j)** gérer ; **k)** relire ; **l)** participer ; **m)** ouvrir ; **n)** accueillir ; **o)** saisir ; **p)** rendre compte.

1.	2.	3.	4.	5.	6.	7.	8.	9.	10.	11.	12.	13.	14.	15.	16.
g.															

28 **Voici deux extraits des témoignages de Patricia et Nathalie.**

a) Des mots sont soulignés. Que remplacent-ils ?

« En ce qui concerne le courrier, je rédige les lettres, je les saisis, les relis et les expédie. » → « les » remplace ....
« J'ouvre le courrier qui arrive, je le lis, je l'enregistre et je le dispatche. »
→ « le » et « l' » remplacent ....
« les », **« le »** et **« l' »** sont des mots qui remplacent des noms. Ce sont des :
❑ articles. ❑ pronoms. ❑ adverbes.

b) Lisez le tableau suivant :

Genre et nombre du COD ?	Pronom sujet	Pronom COD	Verbe	Nom (groupe nominal) COD
	Elle		remplace	**sa collègue.**
Féminin singulier	Elle	**la**	remplace.	
	Elle		lis	**le courrier.**
Masculin singulier	Elle	**le**	lis.	
	Elle		saisit	**les lettres.**
Pluriel (masculin ou féminin)	Elle	**les**	saisit.	

Qu'observez-vous sur la place du complément d'objet direct (COD) ? Complétez la règle.

→ Quand le COD est un nom il est placé .... le verbe.

→ Quand le COD est un pronom il est placé .... le verbe.

29 Quelles sont les tâches effectuées par Anna ? Complétez son témoignage à l'aide de pronoms COD.

Anna : « Les cadres de notre service font beaucoup de déplacements, je … planifie. Quand il y a une réunion, je … organise du début à la fin : d'abord je … prépare, ensuite j'y participe et, enfin, je fais un compte-rendu. Je ne m'occupe pas du courrier reçu par notre service mais du courrier départ : je … rédige, je saisis chaque lettre, je … relis et je … expédie. »

Tu ou vous ?

Dans l'équipe :

Il n'y a pas de règle précise pour les relations entre collègues. Dans certaines entreprises, on se dit *tu*, dans d'autres le *vous* est généralisé et dans d'autres encore, on utilise *tu* ou *vous* en fonction de la personne à laquelle on parle.

Lorsque deux collègues sont très proches, s'ils ont par exemple des relations amicales en dehors du travail, ils se tutoient.

En cas de doute, vouvoyez votre collègue. Il (ou elle) pourra vous proposer de passer au *tu* : « On peut se tutoyer ? », « On peut se dire *tu* ? » ou « Vous pouvez me tutoyer. »

Avec un supérieur hiérarchique, il est peut-être préférable de dire *vous*. En effet, dans certaines situations vous vous sentirez plus à l'aise d'avoir gardé une distance, lors d'une demande d'augmentation par exemple !

Avec des partenaires extérieurs à l'entreprise :

Dites toujours *vous*, même à quelqu'un que vous voyez régulièrement ou qui semble très jeune. Tutoyer trop facilement peut passer pour de l'impolitesse et n'oubliez pas que vous représentez votre entreprise !

2. J'organise mon poste de travail

1 Mon bureau

I. Quel espace ?

Voici deux types d'organisation :

a. Un bureau paysager.

b. Un bureau cloisonné.

30 Mon espace de travail...

• permet de gagner de l'espace. • garantit l'intimité de chacun. • pose problème lorsque l'on doit contacter un client pour relance de paiement par exemple. • coûte plus cher à l'entreprise. • renforce l'esprit d'équipe. • est trop bruyant. • isole du reste de l'équipe. • permet de recevoir des visiteurs avec convivialité.

Voici quatre critères qui peuvent nous permettre de classer les particularités des espaces de travail. Comme dans l'exemple, complétez les différents critères en utilisant les descriptions faites dans l'exercice 30.

Les descriptions sont faites du point de vue :

a) du groupe de travail : *renforce l'esprit d'équipe,*

....

b) du confort personnel :

....

....

c) des relations avec les partenaires extérieurs :

....

....

d) de l'intérêt économique :

....

....

31 **Avant de choisir l'une des deux organisations, les employés de l'entreprise de Sophie ont préféré mesurer les avantages (pour) et les inconvénients (contre) de chacune d'elles.**
Aidez Sophie, complétez le tableau comme dans l'exemple.

	+ pour	– contre
a. Bureau paysager	– permet de gagner de l'espace –	– .... – ....
b. Bureau cloisonné	– .... –	– .... – ....

32 **Pour qualifier mon espace de travail, je peux utiliser des adjectifs. Associez chaque adjectif à son contraire. Complétez le tableau comme dans l'exemple.**

Mon bureau est…

a) confortable
b) spacieux
c) clair
d) rangé
e) silencieux

1. petit
2. bruyant
3. inconfortable
4. sombre
5. désordonné

a	b	c	d	e
3				

33 **Si je ne suis pas satisfait(e) de mon bureau, je peux l'exprimer avec différentes expressions en français familier. Donnez une signification à chaque expression, cochez la case qui convient.**

a) « C'est un placard à balai ! » signifie : le bureau est
❒ sale. ❒ bruyant. ❒ petit.

b) « C'est un vrai four ! » signifie : le bureau est
❒ sombre. ❒ incommode. ❒ chaud.

c) « Quel bazar ! » signifie : le bureau est
❒ froid. ❒ désordonné. ❒ isolé.

II. Quel équipement ?

34 Parmi les objets suivants, lesquels, selon vous, sont indispensables dans le bureau d'une secrétaire ? Comme dans l'exemple, entourez les objets choisis. L'un d'entre eux n'est pas représenté. Lequel ? ....

....

Un stylo. Un fax. Un ordinateur. Un bureau. Un fauteuil. Un téléphone. Une plante verte. Une imprimante. Un cadre avec des photos. Une lampe de bureau. Un bloc notes.

35 **Le clavier francophone.**
Voici le clavier d'un ordinateur tel qu'on le trouve en France. À l'aide des explications proposées, complétez les légendes pour savoir à quoi servent les différentes touches.

a. Retour à la ligne – **b.** majuscules – **c.** permet d'accéder au troisième caractère d'une touche – **d.** retour arrière – **e.** tabulation – **f.** verrouillage des majuscules – **g.** barre d'espacement.

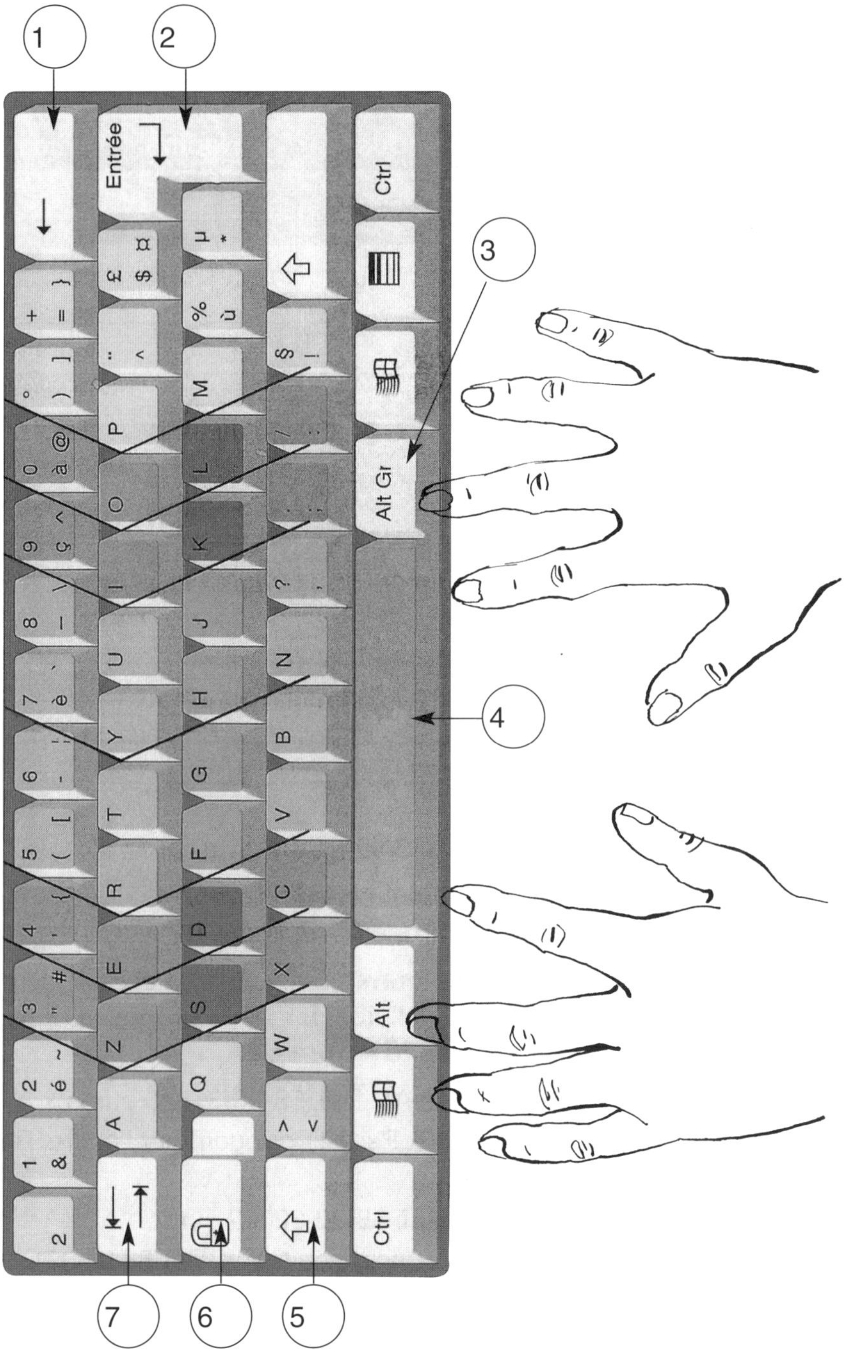

36 **Laura gère les fournitures de son équipe. Elle a imaginé un tableau qu'elle affiche avant de faire une commande.**
Lisez son affiche et dites si les affirmations sont vraies ou fausses. Cochez la case qui convient et justifiez votre réponse.

De quoi avez-vous besoin ?
Nous sommes bientôt le 15 du mois et, comme d'habitude, je prépare la commande de petit matériel. **Remplissez vite ce tableau pour ne manquer de rien. Essayez de prévoir pour deux mois de travail...** N'oubliez pas : je serai en vacances en juillet et il n'y aura donc pas de commande le mois prochain !

	Laura	Jacques	Nadine	Jean-Louis
lot de 4 stylos	1 × *	2 × *		1 × *
crayon à papier		1 × *	1 × *	
gomme	1 × *		1 × *	
trombones	1 × *	1 × *		
tube de colle	2 × *		1 × *	1 × *
feuilles A4	3 × *	1 × *		
autres	paire de ciseaux*	cartouche d'encre*	boite de marqueurs*	bloc notes*

a) Laura fait une commande le 15 de chaque mois.
❒ Vrai. ❒ Faux.
Justification : ....

b) Cette affiche date du mois d'avril.
❒ Vrai. ❒ Faux.
Justification : ....

c) Les employés peuvent choisir parmi six choses.
❒ Vrai. ❒ Faux.
Justification : ....

37 **Voici un extrait de catalogue de fournitures. Laura va choisir les produits ; complétez la description des produits à l'aide des mots proposés dans la liste :** ***crayons – stylos – colle – papier – boîte – gomme.***

a) .... de qualité. 500 feuilles A4. Réf. 58-36-318. 5 euros.
b) .... en matière synthétique. Parfait pour gommer l'encre. Réf. 58-36-319. 0,80 euro.
c) Trombones. .... de 100. Réf. 58-36-320. 2 euros.
d) Lots de 4 .... à billes : rouge, noir, bleu et vert. Réf. 58-36-321. 1,50 euros
e) Tube de .... sans odeur. Réf. 58-36-322. 1,90 euro.
f) .... à papier en bois du Jura. Lots de 10. Réf. 58-36-323. 3,10 euros.

38 **Voici le bon de commande. Laura n'a pas fini de le compléter. Aidez-la en vous servant du tableau rempli par les employés.**

Référence	Notez ici tous vos articles	Quantité	Prix unitaire	Prix total HT
58-36-318	Papier de qualité (500 feuilles)	4	5 €	20 €

2 Je choisis mon mode de classement

I. Je connais les différents modes de classement.

39 **Il existe plusieurs façons de classer les documents.**
Observez les trois types de classement utilisés dans cette entreprise et dites pour chacun s'il s'agit d'un classement :
a) thématique,
b) chronologique,
c) alphabétique.

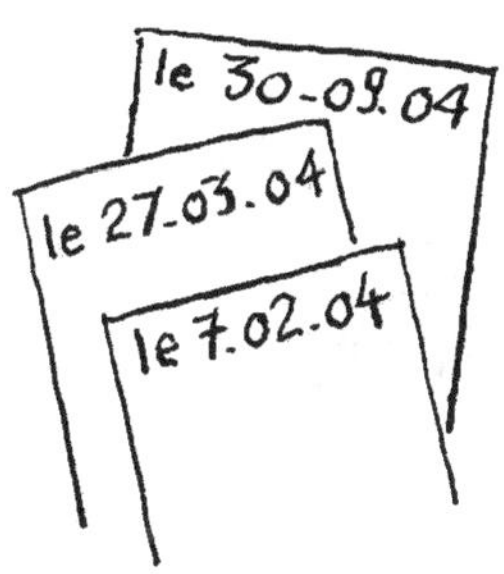

1. « Malika trie le courrier et elle le classe en fonction de la date d'arrivée de chaque lettre. »
2. « Françoise gère les dossiers des clients de l'entreprise et elle les classe selon le nom de chaque client. »
3. « Gabrielle suit la carrière du personnel et elle a organisé ses dossiers d'après leur contenu : formation, congés, planning… »

Complétez le tableau :

1.	2.	3.

40 **Le classement alphabétique.**
Vous travaillez dans une entreprise de conseil aux particuliers. Classez les dossiers de vos clients selon l'ordre alphabétique. Complétez les étiquettes des dossiers ci-dessous.

Noms des clients : Monsieur Denis Leroy, Monsieur Patrice Lutin, Madame Michèle Texier, Monsieur Mohammed Alaoui, Madame Jeanne Dujardin, Monsieur Daniel Dufour, Madame Julia Gonzales.

II. Je sais utiliser le mobilier prévu pour le classement.

41 **Voici des meubles et des outils de classement. Comme dans l'exemple, complétez les légendes à l'aide des noms suivants :** ***1. boîte à disquettes, 2. armoire coulissante, 3. trieur, 4. caisson à clapets, 5. tour CD, 6. meuble 3 tiroirs.***

a.

b.

c.

d.

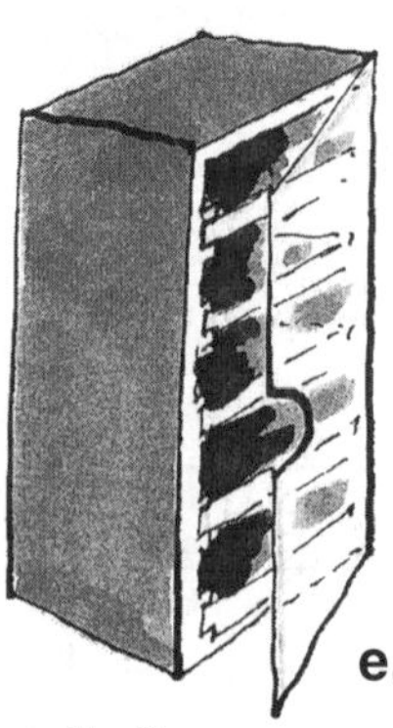
e.

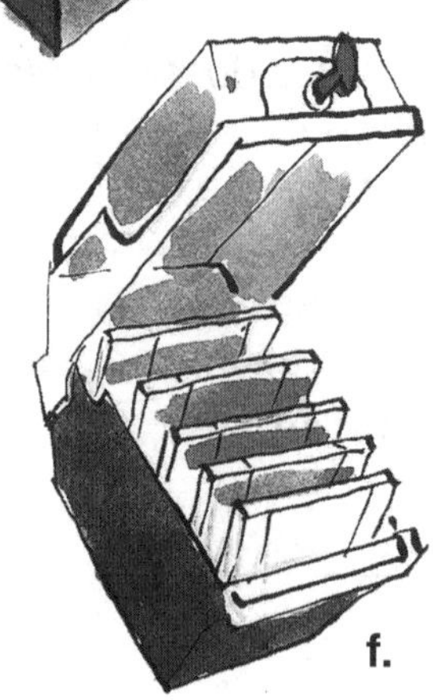
f.

42 Quel matériel pour quel meuble ?

a) Voici le matériel de classement habituellement utilisé dans un bureau.

boîte à archives
(revues)

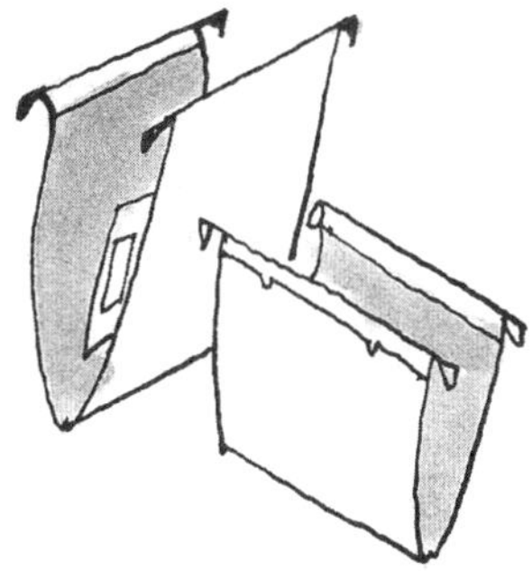

dossiers suspendus

chemises à rabats

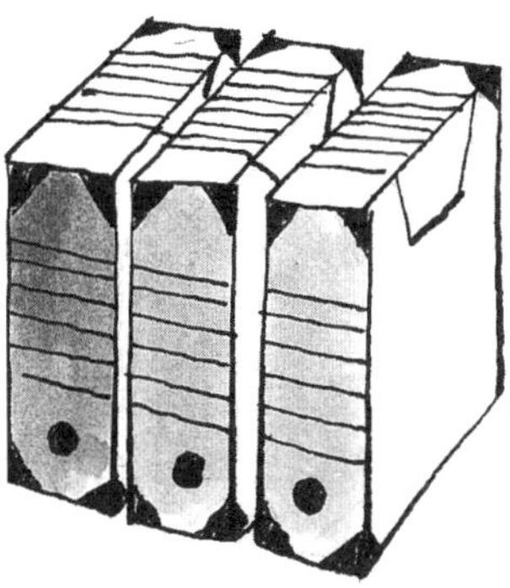

boîte à archives

classeur à broches

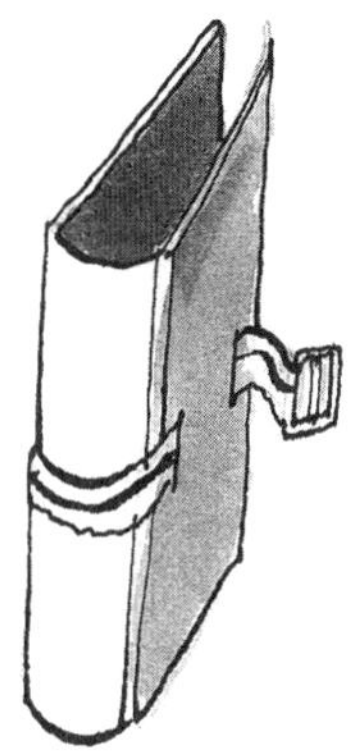

dossier à sangle

b) Complétez le tableau ci-dessous (en consultant le vocabulaire de l'exercice 41) :

Quel matériel de classement ?	Dans quel meuble ?
Une disquette	Dans une boîte à disquettes
Un dossier suspendu	
Une boîte à archives (revues)	
Une chemise à rabats	
Une boîte à archives	
Un classeur à broches	
Un dossier à sangle	

3. Je fais circuler l'information dans l'entreprise

1 J'utilise le support approprié à chaque information

I. L'information dans l'entreprise

Lisez les informations suivantes.

1. Une visite médicale est maintenant obligatoire une fois par an. Après lecture de votre dossier, nous constatons que vous n'avez pas rencontré le médecin du travail depuis plus de 14 mois. Merci de prendre rapidement contact avec le service du personnel pour fixer un rendez-vous.

2. La cafétéria est ouverte tous les jours de 11 heures 30 à 14 heures. Les repas sont servis jusqu'à 13 heures trente.

3. Le port visible du badge est OBLIGATOIRE dans l'entreprise.

4. En raison de coupures de courant prévues dans votre bureau le 15 octobre prochain, nous vous demandons de ne pas utiliser votre ordinateur ce jour-là. Merci d'organiser vos activités en fonction de cette mesure.

Le service technique

43 **À qui sont destinées ces informations ?**
Complétez le tableau, cochez la case qui convient.

L'information s'adresse à...	... une personne en particulier	... l'ensemble du personnel de l'entreprise
Info n° 1		
Info n° 2		
Info n° 3		
Info n° 4		

44 **Où peut-on lire ces informations ?**

Parmi ces quatre informations, deux peuvent être lues sur les murs de l'entreprise, dans les couloirs ou dans tout autre lieu de passage. Il s'agit de l'information n° .... et n° ....

45 **Quelle forme leur donner ?**
Voici quatre supports possibles pour faire circuler ces informations dans l'entreprise. Laquelle choisissez-vous pour chacune d'entres elles ?

a

b

c

d

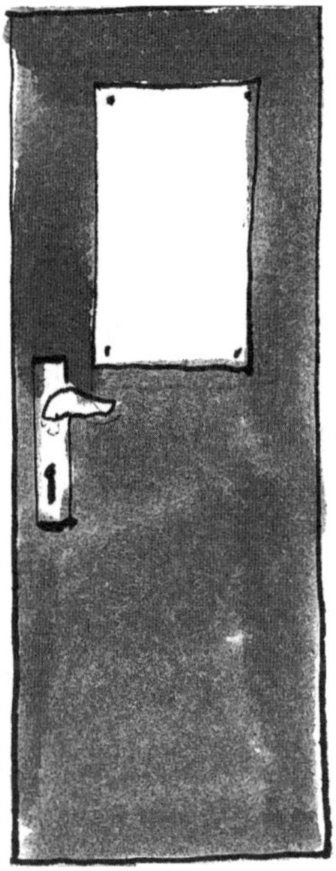

Écrivez sur chaque support le n° de l'information qui correspond.

II. L'affichage

AFFICHER POUR PRÉVENIR
Lisez le document et répondez aux questions.

Pour signaler tout incident, accident, sinistre… n'importe où dans l'entreprise, **composez le 18** et indiquez clairement votre nom, le lieu exact, la nature ou l'importance de l'évènement. Ne raccrochez pas.

46 **Cette affiche donne**

❒ des conseils ❒ des consignes ❒ des ordres

47 **Dites si les affirmations suivantes sont vraies (V) ou fausses (F). Cochez la case qui convient.**

	V	F
En cas de problème, il faut déclencher l'alarme.	❒	❒
Au téléphone, on doit indiquer sa profession.	❒	❒
Il est important d'être précis pour indiquer l'endroit du problème.	❒	❒
Quand on a donné les informations, on peut couper la communication.	❒	❒

48 **Relevez les verbes de l'affiche qui disent de faire (ou de ne pas faire) quelque chose.**

– ……………………………………………………………………………………
– ……………………………………………………………………………………
– ……………………………………………………………………………………

Que remarquez-vous sur leur formation ?

……………………………………………………………………………………

Les verbes sont conjugués à l' ……………………………………………………

Un autre document concernant la sécurité est affiché dans l'entreprise. Lisez-le.

Dès que l'alarme est donnée :
- **Cesser** toute activité
- **Prendre** ses affaires personnelles
- **Éteindre** les cigarettes dans les cendriers
- **Fermer** les portes et les fenêtres
- **Évacuer** les locaux
- **Assister** les personnes handicapées
- **Ne jamais revenir** en arrière

INTERDICTION de prendre les ascenseurs.

49 **Ici, il y a deux façons de donner des consignes. Observez l'affiche et dites quelles formes sont utilisées. Cochez les deux cases qui conviennent.**

Formes utilisées dans le document pour donner des consignes			
l'impératif		« on doit » + infinitif	
l'infinitif		« il est important » + de + infinitif	
« il faut » + infinitif		un nom	

50 **Quand on entend l'alarme, il y a deux choses à ne pas faire, il s'agit de :**

.... et ....

Relevez les deux phrases du document recommandant de ne pas le faire :

« .... »

« .... »

51 **Comparez « ne raccrochez pas » (première affiche) et « ne jamais revenir en arrière » (deuxième affiche).**

Quel est le point commun de ces deux phrases ?

....

Les adverbes de négation n'ont pas la même place dans les deux phrases.

a) quand le verbe est à l'**impératif**, ils sont placés
❒ avant le verbe ❒ autour du verbe ❒ après le verbe

b) quand le verbe est à l'**infinitif**, ils sont placés
❒ avant le verbe ❒ autour du verbe ❒ après le verbe

52 **Maud explique les consignes d'évacuation à un nouveau collègue. Transformez les phrases de l'affiche pour compléter ses recommandations.**

Si vous entendez retentir l'alarme
....
....
....
....
....

53 **Et vous ?**
Y a-t-il dans votre entreprise (ou dans celles que vous connaissez) d'autres consignes de sécurité ? Lesquelles ?

....

....

....

....

AFFICHER POUR INFORMER
Informer à l'aide d'un graphique

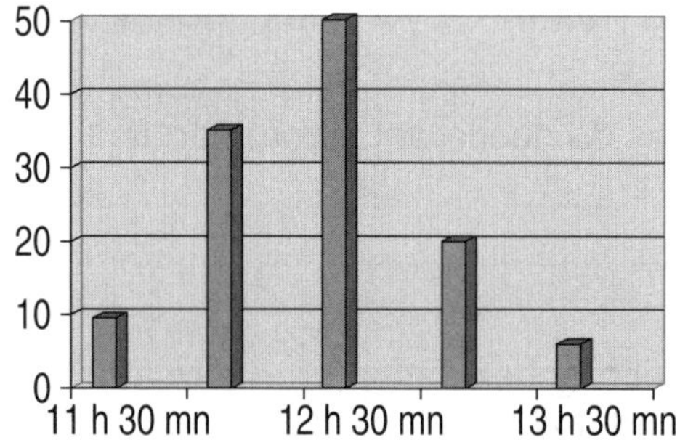

Fréquentation du réfectoire :
nombre de salariés par tranche horaire

54 **Lisez le document et dites si les affirmations suivantes sont vraies (V) ou fausses (F). Cochez la case qui convient.**

a) Les employés de cette entreprise déjeunent tous à la même heure.
❐ vrai ❐ faux

b) Une minorité de personnes choisit de manger avant midi.
❐ vrai ❐ faux

c) Plus de trente salariés sont présents dans le réfectoire à midi.
❐ vrai ❐ faux

d) Cette affiche permet à chaque salarié de connaître les moments où il peut manger plus tranquillement.
❐ vrai ❐ faux

55 **Dans votre pays, à quelle heure mange-t-on ? Les employés déjeunent-ils dans leur entreprise ou rentrent-ils chez eux ?**

....

....

Annoncer un évènement

Commission culturelle

Dans le cadre des activités du Comité d'Établissement,
la Commission culturelle vous propose

Un après-midi à la découverte des Ponts de Paris
Samedi 5 juin

Prix : 23 €

Ce tarif comprend :

– le batobus
– le goûter, boissons comprises
– l'accompagnement d'un conférencier
– l'assurance assistance

Inscription : bureau 126
Date limite d'inscription : 25 mai

56 Lisez le document et répondez aux questions.

a) Qui donne l'information ?

....

b) À qui est destinée l'information ?

....

c) Quelle activité est proposée ?

....

d) Quand la sortie est-elle prévue ?

....

e) Où est-elle prévue ?

....

57 Vous assurez le secrétariat de la commission culturelle de cette entreprise. Suite à l'annonce de cette sortie, de nombreux salariés viennent vous consulter. Répondez à leurs questions. Cochez la case qui convient.

a) Monsieur Bordenave arrive dans votre bureau le 27 mai.
Vous lui dites : « L'inscription n'est pas possible car
❒ la sortie est annulée pour cause de mauvais temps. »
❒ le nombre d'inscrits est trop élevé. »
❒ la date limite d'inscription est dépassée. »

b) Mademoiselle Sanchez veut savoir ce qu'il y aura à manger pour le goûter.
Vous répondez :
❐ « Des sandwichs et un verre de vin rouge. »
❐ « Des pains au chocolat et du jus de fruits. »
❐ « Du pain et de la soupe. »

L'AFFICHAGE DANS LES ENTREPRISES FRANÇAISES ET FRANCOPHONES

- Certaines informations doivent obligatoirement être affichées dans les entreprises françaises. Il s'agit des consignes de sécurité, de l'adresse de l'inspection du travail...
- Les syndicats et les représentants du personnel ont souvent un (ou plusieurs) tableau(x) d'affichage qui leur est (sont) réservé(s).
- Il existe aussi un espace d'affichage réservé à la communication personnelle entre les différents employés de l'entreprise. Les informations prennent alors la forme d'affichettes : petites annonces (pour, par exemple, vendre une voiture, un meuble), propositions diverses pour sorties, activités culturelles, covoiturage... Cet affichage est autorisé, il permet de tisser d'autres rapports entre les collègues. Cela peut favoriser la qualité des rapports professionnels.

III. La note de service

Lisez la note de service et répondez aux questions.

Société
Bien manger

La direction

à
L'ensemble du personnel
Le 12 février 20..

Note de service n° 138

Objet : déménagement

Afin de créer de meilleures conditions de travail, la direction a décidé de changer de locaux.

Le déménagement est prévu le 1er mars. Il s'effectuera sur deux jours. Chacun doit s'organiser pour faciliter cette nouvelle étape.

Vous pourrez utiliser des cartons mis à votre disposition au sein de chaque service à partir du lundi 23 février.

Le directeur
Jean Lecœur

58 Les différents éléments de la note de service

a) Qui écrit la note ? (l'émetteur)

....

b) Dans quelle entreprise travaille cette personne ? (le nom ou le logo de l'entreprise)

....

c) Quelle est sa profession dans l'entreprise ? (la fonction)

....

d) Dans quel service ? (le nom du service)

....

e) À qui s'adresse-t-il ? (les destinataires)

....

f) Quand la note est-elle écrite ? (la date)

....

g) Quel est le thème de la note ? (l'objet)

....

59 La structure de la note de service.

Trouvez à quoi correspondent les différentes rubriques. À l'aide des mots suivants, complétez le tableau comme dans l'exemple.

1. la fonction de l'émetteur – 2. la date – 3. l'objet – 4. les destinataires – 5. le nom de l'entreprise – 6. le service émetteur – 7. le nom de l'émetteur.

(a) ....

(b) ....

(c) ....

(d) ....

Note de service n° ...

(e) ....

....

....

....

....

....

(f) ....

(g) ....

a	b	c	d	e	f	g
5						

60 L'objectif de la note de service

Relisez la note de service et répondez.

La note de service a pour but
❒ l'application d'une décision.
❒ l'échange avant la prise de décision.
❒ la concertation au sujet d'une décision.

61 Le ton de la note de service

1. La note de service contient une formule de politesse
   ❒ vrai ❒ faux
2. À l'aide des adjectifs suivants, qualifiez le ton de la note de service. Cochez la case qui convient.
   Le ton est
   ❒ spontané et chaleureux.
   ❒ impératif et courtois.
   ❒ impersonnel et froid.

La note de service

- C'est un document essentiel dans la communication interne à l'entreprise. Elle sert à transmettre des ordres, des instructions en vue de l'application d'une décision. La note de service fait circuler l'information de haut en bas (dans le sens descendant) de la hiérarchie de l'entreprise.
- Il n'existe pas un seul modèle de note de service, mais certaines mentions doivent apparaître :
  – le mot *Note* (ou *Note de service*) apparaît, ainsi que son numéro (n° ...). Les notes de service sont classées par ordre chronologique,
  – l'objet du message,
  – le nom de l'entreprise, celui de l'émetteur et du service émetteur,
  – les destinataires : la note de service a toujours plusieurs destinataires,
  – la date.
- Les phrases utilisées sont claires et précises. Les verbes sont conjugués au présent ou au futur simple. Les mots choisis sont simples, ils participent à la fermeté de l'instruction ; par exemple, on trouve souvent le verbe « devoir » dans une note de service.

62 **À vous. Rédigez une note de service**
Vous êtes assistante de direction. La directrice, Madame Leroy, vous a laissé des instructions pour la rédaction d'une note de service.
Lisez ces instructions et rédigez la note.

Le 20 septembre

La journée « portes ouvertes » de notre entreprise aura lieu le 3 novembre.

Demander à tous les employés de s'y préparer : présenter les différentes étapes de la chaîne de production, les divers métiers de notre société...

Ils peuvent prendre modèle sur ce qui a été fait l'an dernier. Toute nouvelle initiative sera bienvenue.

IV. Intranet

63 **Des employés témoignent.**

Alain : « Intranet nous fait gagner beaucoup de temps. Avant quand on avait besoin d'un renseignement, on devait chercher à contacter la personne compétente pour nous répondre. On passait souvent des heures au téléphone pour enfin avoir la bonne info. Maintenant, on va sur intranet et on est guidé. Tout est très clair et facile d'accès. »

Marianne : « Ce qui est intéressant c'est qu'on ne gaspille plus autant de papier. Depuis la mise en place d'intranet, finies les tonnes de documents papier envoyés. Je suis secrétaire et, par exemple, après une réunion, je mets le compte rendu en ligne et tous les participants peuvent rapidement le lire. J'en imprime un exemplaire pour l'archiver et c'est tout ! »

Stéphane : « Dans ma boîte, la messagerie interne est vite surchargée. Avec l'intranet elle est moins encombrée. L'information circule mieux. Chaque employé peut consulter une gigantesque bibliothèque de documents internes. On trouve tout : l'organigramme de l'entreprise par exemple et même un trombinoscope qui présente chaque salarié avec une photo, sa fonction et ses coordonnées. Et bien sûr, toutes ces informations sont mises à jour à chaque changement ! »

Qui dit quoi ?

Voici trois affirmations sur les avantages que présente l'Intranet. Chaque affirmation reprend l'idée d'un témoignage. Dites quelle affirmation correspond à quel témoignage. Cochez la case qui convient.

	Alain	Marianne	Stéphane
a) Avec Intranet on a des informations récentes.			
b) Intranet nous fait gagner du temps			
c) Grâce à Intranet on fait des économies.			

64 Se servir d'Intranet

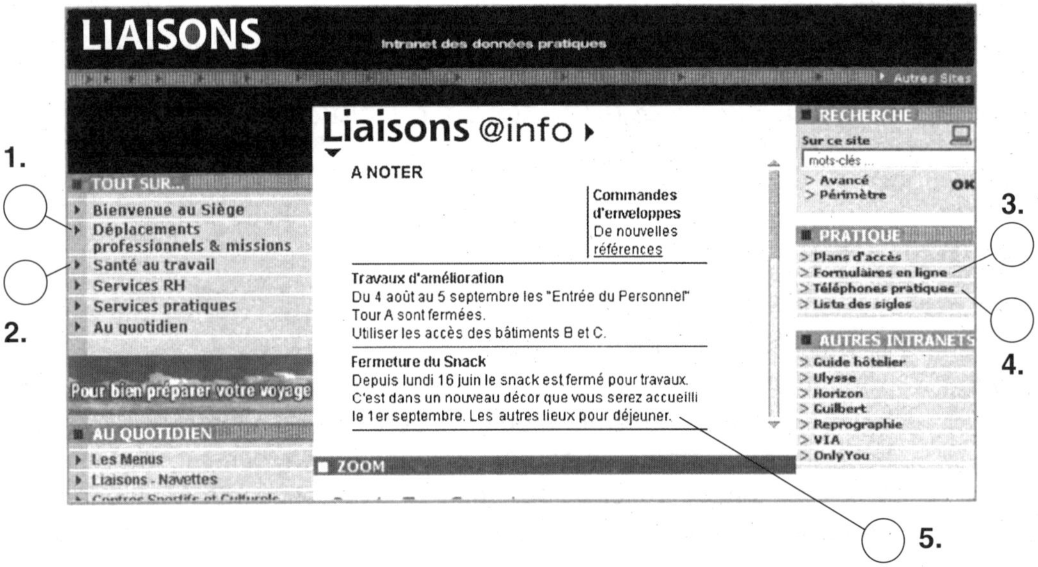

Complétez les flèches autour de l'écran avec le chiffre de la question correspondante.

Paul travaille dans l'entreprise *Énergie +*.

Il cherche des informations et se pose des questions. Aidez-le à trouver des réponses. Lisez ses questions et dites pour chacune d'elle sur quelle phrase il doit cliquer pour obtenir les renseignements voulus.

Les questions de Paul :

a) Où se trouve le service médical ?
b) Je pars en mission que dois-je faire ?
c) Le feu a pris dans une poubelle, qui dois-je appeler ?
d) Où puis-je déjeuner à midi ?
e) Je voudrais un formulaire de demande de formation. Où puis-je le trouver ?

INTRANET QU'EST-CE QUE C'EST ?

- Intranet est le site Internet d'une entreprise uniquement à usage interne : seuls les employés de la société peuvent y accéder. Il suffit souvent d'entrer son nom et son mot de passe. L'Intranet est accessible de l'intérieur et de l'extérieur de l'entreprise. Cela permet aux employés en déplacement de s'en servir au moyen d'un ordinateur portable, par exemple.
- Lorsque l'entreprise est dispersée sur plusieurs sites (dans des villes ou des pays différents) c'est une façon de relier plus facilement les membres de l'entreprise, de renforcer le sentiment d'appartenance au groupe.

2 Je suis les dossiers qui concernent la carrière du personnel

I. Le recrutement

65 Les différentes étapes du recrutement.
L'entreprise manque de personnel. Voici dans le désordre les différentes opérations liées au recrutement. Rétablissez la chronologie : comme dans l'exemple, remplissez le tableau pour rétablir l'ordre logique.

a) Choix du futur salarié.
b) Rédaction de l'offre d'emploi.
c) Envoi des convocations pour l'entretien ou des lettres de refus.
d) Accueil des candidats, entretien d'embauche.
e) Parution de l'offre d'emploi.
f) Demande de personnel.
g) Réception et étude des CV et lettres de candidature.

1	2	3	4	5	6	7
f						

66 **Convocation ou lettre de refus ?**

Lisez ces extraits de lettres et dites pour chacune d'elles s'il s'agit de convocation pour l'entretien d'embauche ou de lettre de refus. Cochez la case qui convient.

	Convocation	Refus
1. « J'ai le regret de vous informer que le poste est pourvu »	❒	❒
2. « J'ai bien reçu votre candidature et vous en remercie. Malheureusement nous n'avons aucun poste disponible. »	❒	❒
3. « Votre candidature a retenu notre attention et nous souhaiterions vous rencontrer. »	❒	❒
4. « Après étude de l'ensemble des candidatures reçues, j'ai le regret de vous annoncer qu'il ne m'est pas possible de réserver une suite favorable à votre demande. »	❒	❒
5. « Nous avons le plaisir de vous annoncer que vous avez été retenu lors d'une première sélection. Afin de poursuivre l'examen de votre candidature, nous vous prions de vous présenter dans nos bureaux »	❒	❒

II. L'embauche

Le contrat

- Le contrat de travail est un lien important qui unit employeur et salarié.
- Dans les entreprises françaises, il existe deux grands types de contrats : le contrat à durée indéterminée (CDI) et le contrat à durée déterminée (CDD). La principale différence concerne la fin de contrat : elle est prévue et *déterminée* pour le CDD, elle n'est pas fixée pour le CDI, le CDI prévoit une date de début de contrat mais pas de fin.
- D'autres contrats plus spécifiques peuvent être proposés : le contrat de qualification, par exemple, est un contrat qui prévoit que le jeune salarié est encore en phase de formation, il alterne alors périodes de travail et d'étude.
- Chaque contrat donne des obligations aux deux parties (l'employeur et le salarié) : le montant du salaire, le temps de travail, la période d'essai, ...

LE CONTRAT À DURÉE DÉTERMINÉE (CDD)
Lisez le contrat et répondez aux questions.

CONTRAT DE TRAVAIL À DURÉE DÉTERMINÉE

ENTRE Monsieur Luc Fontaine demeurant 27 rue des Roses, 31000 Toulouse, de nationalité française, né le 26/08/1968 dont le numéro de sécurité sociale est le 1 68 08 33 318 047 94
D'UNE PART
ET la société *ÉNERGIE* + dont le siège est situé place du Capitole à Toulouse
D'AUTRE PART – Il a été convenu ce qui suit :

DURÉE DÉTERMINÉE ET OBJET DU CONTRAT – La société *ÉNERGIE* + engage Monsieur Luc Fontaine à compter du 11 juillet 20.. en qualité d'employé de bureau polyvalent en remplacement de Madame Carmen Tora en congé maternité pour une durée de 16 semaines. Le temps de travail sera de 35 heures hebdomadaires.

PÉRIODE D'ESSAI – Le présent contrat ne deviendra ferme qu'à l'issue d'une période d'essai de 15 jours. Pendant cette période d'essai, chacune des parties pourra mettre fin au contrat à tout moment, sans indemnité d'aucune sorte.

RÉMUNÉRATION – En contrepartie de ses fonctions, Monsieur Luc Fontaine percevra une rémunération mensuelle brute de 1 450 euros.

AVANTAGES SOCIAUX – Monsieur Luc Fontaine sera admis à compter de son engagement au bénéfice du régime de retraite complémentaire par l'affiliation à l'IRCS. Monsieur Luc Fontaine bénéficiera également des avantages sociaux institués en faveur du personnel de la société.

FIN DU CONTRAT – Conclu pour une durée déterminée, cet engagement prendra fin automatiquement et sans formalités le 28 octobre 20.. Monsieur Luc Fontaine percevra alors une indemnité de précarité conformément à la loi, soit 10 %.

RUPTURE ANTICIPÉE DU CONTRAT – Chacune des deux parties se réserve éventuellement le droit de mettre fin au contrat et sans indemnité en cas de faute grave de l'autre partie ou de force majeure.
Fait en deux exemplaires originaux : un pour chacune des parties. À Toulouse, le 1er juillet 20..

Monsieur Henri Pujol — Monsieur Luc Fontaine

67 Cochez la case qui convient.

1. Luc habite
❒ en banlieue. ❒ à Paris. ❒ en province.

2. Luc est embauché pour un emploi
❒ technique. ❒ administratif. ❒ manuel.

68 **Dites si les affirmations suivantes sont vraies ou fausses. Cochez la case qui convient et justifiez votre réponse.**

1. Luc a signé un contrat de six mois.
❐ vrai ❐ faux
Justification : ....

2. Luc remplace une femme enceinte.
❐ vrai ❐ faux
Justification : ....

3. À la fin de chaque mois, Luc recevra 1 450 euros sur son compte en banque.
❐ vrai ❐ faux
Justification : ....

69 **Reconstituez le dialogue.**
Après la signature du contrat, Luc discute avec une amie, Nora, de son futur travail. Remettez les phrases dans l'ordre pour reconstituer une conversation logique. Recopier le dialogue dans l'ordre correct.

1. – Je suis contente pour toi, c'est une bonne nouvelle, ce boulot.
2. – Je suis employé de bureau polyvalent. En gros, c'est du travail de secrétariat.
3. « Alors ce nouveau travail, tu commences quand ?
4. – 1 450 euros brut et 10 % de précarité à la fin du contrat.
5. – Le 11 juillet, mais demain je rencontre la personne que je remplace : elle doit m'expliquer le fonctionnement du service.
6. – Qu'est-ce c'est exactement l'intitulé de ton poste ?
7. – Oui, enfin j'espère qu'ils seront contents de mon travail. Je vais d'abord commencer par une période d'essai : je dois faire mes preuves ! »
8. – Et tu es bien payé ?

« ....
– ....
– ....
– ....
– ....
– ....
– ....
– .... »

70 **Et vous ? Dans votre pays quels types de contrat existent-ils ? Que prévoient-ils ?**

....
....
....

III. Les congés

LES VACANCES ET LES JOURS FÉRIÉS

71 Je pose mes congés.

Lisez le dialogue et répondez aux questions.

1. Les deux collègues aiment prendre leurs congés en même temps.
❒ vrai ❒ faux
Justification : ....

2. L'homme s'ennuie quand il reste chez lui.
❒ vrai ❒ faux
Justification : ....

3. La femme souhaite profiter de ses vacances pour découvrir de nouvelles régions.
❒ vrai ❒ faux
Justification : ....

Le droit au repos et aux congés

Le repos hebdomadaire

Un même salarié ne doit pas travailler plus de 6 jours par semaine.
Le repos hebdomadaire doit avoir une durée minimale de 24 heures consécutives, il est donné le dimanche (des dérogations sont accordées pour accorder un autre jour de la semaine : dans les hôpitaux, les cinémas, les commerces alimentaires de détail).

Les congés payés

En France le code du travail prévoit 2 jours et demi de congés payés par mois, soit un total de 5 semaines sur l'année. La période de référence commence le 1er juin et se termine le 31 mai. Le salarié est obligé de fractionner ses congés : il ne peut pas prendre ses 5 semaines de vacances en une seule fois. Il peut prendre 12 jours en continu entre le 1er mai et le 31 octobre.

Les jours fériés

Il existe en France 10 jours fériés* : le 1er janvier, le lundi de Pâques, le 1er mai, le 8 mai, le jeudi de l'Ascension, le 14 juillet, le 15 août, le 1er novembre, le 11 novembre et le 25 décembre.
**Jusqu'en 2004, le lundi de Pentecôte était également férié.*

Les autres congés

Les salariés ont droit à d'autres congés : formation, évènements familiaux (congé maternité, congé paternité, congé pour enfant malade, congé parental d'éducation)

72 **Les jours fériés.**
Quels sont les jours fériés dans votre pays ?

....

....

....

Sont-ils aussi nombreux qu'en France ?

....

....

....

LES CONGÉS FORMATION

Danièle est secrétaire au service des ressources humaines. Elle explique le fonctionnement des formations dans son entreprise.
« En fait il y a deux catégories de formations. Celles proposées par l'entreprise à ses salariés car on estime que pour être plus performant il faut continuer à se former. Il y a aussi celles demandées par l'employé. Et c'est dans ce cas précis que l'on peut l'autoriser à s'absenter dans le cadre d'un congé individuel de formation. »

73 Recevoir une demande de congé de formation.

CONGÉ INDIVIDUEL DE FORMATION

Nom du salarié : Dumont
Prénom : Morgane
Emploi : secrétaire
Service : paie et comptabilité du personnel
Entrée dans l'entreprise : 01/09/2001
Ancienneté dans la branche : ——
Type de contrat : CDI

STAGE DEMANDÉ

Intitulé : l'informatique appliquée à la comptabilité
Date de début : 30/05/2005
Date de fin : 10/06/2005
Durée : 10 jours – 60 heures
Organisme de formation : Compta Services
Date de dépôt de la demande : 15/11/2004
Signature du salarié :

Avis du supérieur hiérarchique :

Réservé au service formation : accepté / refusé / reporté
Motif :

Vous travaillez au service formation de cette entreprise.
Pour traiter cette demande de congé individuel de formation, vous devez connaître les dispositions légales en vigueur en France.
Prenez-en connaissance et analysez la demande en fonction.

Conditions d'accès au Congé Individuel de Formation (CIF) :

Pour les CDI : justifier de 24 mois d'activité salariée dont 1 an dans l'entreprise actuelle.
Pour les CDD : justifier de 24 mois d'activité salariée durant les 5 dernières années dont 4 mois consécutifs ou non sous CDD au cours des 12 derniers mois.

Délais à respecter :

	Demande d'autorisation d'absence auprès de l'employeur	Délai de réponse de l'employeur	Possibilité de report pour l'employeur
Pour les CDI :	au plus tard 4 mois avant la date de début de la formation	30 jours	9 mois à partir de la date de début de formation
Pour les CDD :	en accord avec l'employeur	——	——

Remplissez la fiche de traitement de demande d'absence pour congé individuel de formation.

Fiche de traitement de demande de CIF

Nom du salarié : ....

Ancienneté dans la branche : ....

Date d'entrée : ....

Total de l'ancienneté : ....

Conditions d'accès respectées : ❒ oui ❒ non

Date et intitulé du stage demandé : ....

Date de dépôt de demande : ....

Délais de dépôt respecté : ❒ oui ❒ non

❒ Accepté ❒ Refusé

3 J'organise les réunions et leur compte-rendu

I. Avant la réunion

74 Bien s'organiser.

Vous devez préparer une réunion. Pour mieux vous organiser vous avez décidé de planifier les différentes activités liées à cette préparation. Lisez les tâches suivantes. Comme dans l'exemple, replacez-les dans le tableau pour construire un planning cohérent. (J = jour)

1. Reproduire les documents à distribuer.
2. Rassembler diverses informations : l'ordre du jour, le nom des participants, les documents à distribuer pendant la réunion.
3. Envoyer les convocations et l'ordre du jour.
4. Préparer le dossier pour l'animateur de la réunion (les transparents, les documents à distribuer, le plan de table).
5. Réserver la salle de réunion en fonction du nombre de participants.
6. Préparer les documents et les transparents.
7. Vérifier la salle réservée et le matériel (le tableau papier, les feutres, le rétroprojecteur, l'écran, ...)

Délai	Tâches	Date de réalisation
J – 20	Réserver la salle de réunion en fonction du nombre de participants.	
J – 15		
J – 12		
J – 7		
J – 4		
J – 1		
J – 1		

75 **L'ordre du jour.**
Vous êtes amené(e) à souvent organiser des réunions. Il est plus efficace de créer un modèle d'ordre du jour. Le traitement de texte en facilite le travail. Lisez l'ordre du jour et répondez aux questions.

Travaux de restructuration

21/03/2005
1 Heure 20 Minutes
Salle Diderot

Modérateur : Monsieur Lambert
Secrétaire : Mademoiselle Marolle
Participants : Tous les chefs de service.
Veuillez lire : Les plans fournis en pièces jointes.

Sujets à l'ordre du jour

10 mn	Tour de table	
20 mn	*Historique*	Monsieur Lambert
30 mn	*Avancé des travaux*	Madame Lamarque
20 mn	*Financement*	Monsieur Delors
Spécialiste :	Madame Amor, architecte.	

1. Où aura lieu la réunion ?

....

2. Quand aura-t-elle lieu ?

....

3. Combien de temps durera-t-elle ?

....

4. L'ordre du jour nous permet-il de connaître le nombre de participants ?
❐ oui ❐ non
Si « oui », combien seront-ils ? ....

5. Qui prendra des notes ?

....

6. Un expert participera-t-il à la réunion ?

....

7. Les participants doivent-ils lire des documents avant la réunion ?

....

II. Le jour de la réunion

76 Des astuces pour une réunion réussie.
Pour que tout se passe bien le jour de la réunion, suivez les conseils du consultant.
Associez à chaque conseil une action concrète. Remplissez le tableau comme dans l'exemple.

Les conseils :

1. Dès l'accueil, mettez à l'aise les participants.
2. Rappelez les sujets à l'ordre du jour et donnez les règles du jeu.
3. Sachez ouvrir le débat et inciter les participants à prendre la parole.
4. Servez-vous de questions directes pour aider un timide à parler.
5. Faites respecter le minutage prévu : arrêter les bavards qui monopolisent la parole.
6. À la fin de la réunion proposez une conclusion et les suites à donner à cette réunion.

Les actions ou les mots pour agir :

a) Dire par exemple : « *Nous sommes ensemble pour 1 heure et 20 minutes et voici les points que nous allons aborder successivement…* ».
b) Leur couper la parole avec tact lorsqu'ils reprennent leur respiration.
c) Dire par exemple : « *Monsieur Lefort, vous avez sans doute votre avis sur ce sujet…* ».
d) Dire par exemple : « *Nous avons donc décidé de poursuivre la rénovation des locaux en modifiant le calendrier prévu…* »
e) Leur serrer la main chaleureusement et les inviter à prendre place.
f) Pour stimuler la discussion, poser des questions.

1	2	3	4	5	6
e					

III. Après la réunion

77 Faire un compte rendu.
À la suite d'une réunion, il est important d'en faire un compte rendu pour garder une trace du contenu des débats et des décisions prises. Il est aussi très important de pouvoir en informer ceux qui n'ont pas pu assister à la réunion.
Identifiez les différentes rubriques du début de compte rendu. Attribuez un groupe de mots à chaque *bulle*.

a) Date de la réunion.
b) Noms des personnes présentes
c) Nom du secrétaire de séance
d) Rappel de l'ordre du jour
e) Noms des absents
f) Date de la rédaction du compte rendu, il doit être rédigé très vite après la réunion
g) Titre et objet de la réunion
h) Lieu de la réunion

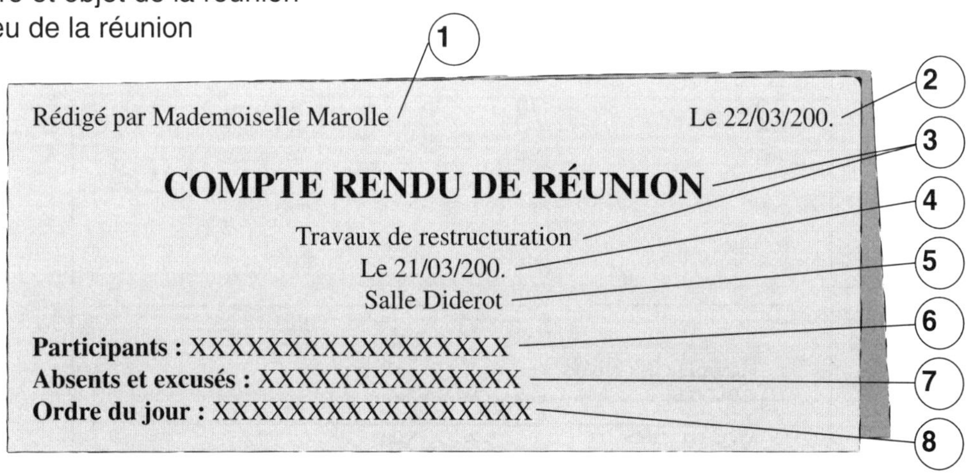
Rédigé par Mademoiselle Marolle (1) Le 22/03/200. (2)

COMPTE RENDU DE RÉUNION (3)

Travaux de restructuration (3)
Le 21/03/200. (4)
Salle Diderot (5)

Participants : XXXXXXXXXXXXXXXXX (6)
Absents et excusés : XXXXXXXXXXXXXX (7)
Ordre du jour : XXXXXXXXXXXXXXXXX (8)

4. Je gère l'agenda de mon « patron »

1 Je choisis l'agenda le mieux adapté

I. Noter les rendez-vous

78 L'agenda.
Lisez l'agenda et répondez aux questions.

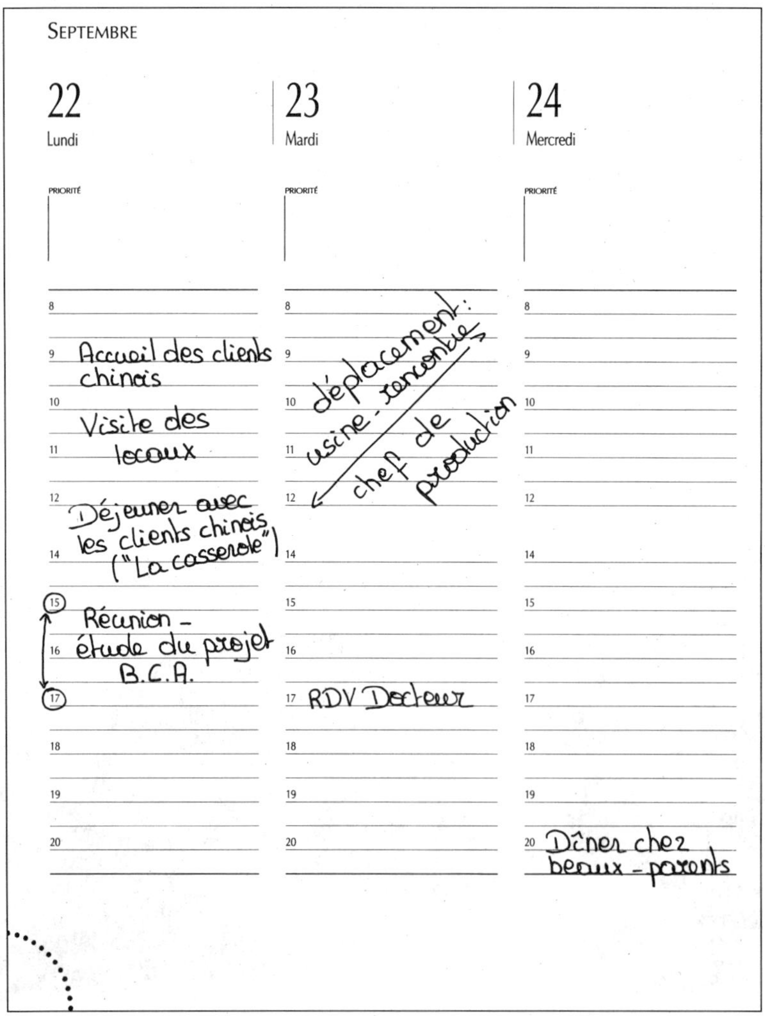
SEPTEMBRE

22 Lundi
PRIORITÉ
9 Accueil des clients chinois
10 Visite des locaux
12 Déjeuner avec les clients chinois ("La casserole")
15–17 Réunion – étude du projet B.C.A.

23 Mardi
PRIORITÉ
8–12 déplacement : usine – rencontre chef de production
17 RDV Docteur

24 Mercredi
PRIORITÉ
20 Dîner chez beaux-parents

Cochez la case qui convient.

1. Le document est un agenda
 ❑ papier. ❑ électronique.
2. Seuls les rendez-vous professionnels sont inscrits sur l'agenda
 ❐ vrai ❐ faux
3. Les lieux de rendez-vous sont toujours précisés.
 ❐ vrai ❐ faux
4. Les activités de Monsieur Royal sont notées sous forme de
 ❐ verbes. ❐ noms.
5. Un espace est réservé pour écrire les activités les plus importantes.
 ❐ vrai ❐ faux

79 Proposer une heure de rendez-vous.

Nadia est l'assistante de Monsieur Royal. Elle répond à un fournisseur qui souhaite le rencontrer pour lui présenter de nouveaux produits.

Lisez l'agenda. En fonction des plages horaires libres, choisissez les propositions de rendez-vous faites par Marina. Comme dans l'exemple, barrez *la phrase en italique* qui ne convient pas à la situation.

« *Royal et associés*, Nadia Faure, bonjour.
– Bonjour Madame Faure, je suis Monsieur Lebon de la société Aubaine. Je souhaiterais rencontrer M. Royal pour lui présenter nos nouveautés.
– Oui Monsieur Lebon, je suis au courant. (*Monsieur Royal m'a prévenu de votre appel.* / ~~*Monsieur Royal ne veut pas vous voir*~~). Quand souhaitez-vous le rencontrer ?
– Je suis disponible toute la journée du 22 septembre.
– (*C'est parfait, Monsieur royal est aussi disponible.* / *Hélas, ce ne sera pas possible ce jour-là, Monsieur Royal aura une journée très chargée.*)
– Bon, et le lendemain ?
– Le mardi 23 ce sera sans doute plus facile. (*Serez-vous disponible à 16 heures trente ?* / *Je peux vous proposer un rendez-vous en début d'après-midi, qu'en dites-vous ?)*
– C'est parfait pour moi. À quelle heure exactement ?
– (*Vous pouvez arriver entre 2 heures et 3 heures, Monsieur Royal n'aura que ça de prévu.* / *Nous vous attendons à 14 heures.)*
– Très bien, merci Madame Faure.
– Je vous en prie. Au revoir, bonne journée Monsieur Lebon. »

80 Mettre à jour l'agenda.

1. Après cette communication téléphonique, Nadia doit mettre à jour l'agenda. Complétez l'agenda pour y faire apparaître ce nouveau rendez-vous.
2. Monsieur Royal doit se perfectionner en anglais professionnel. Il a cours chaque mercredi de 9 heures à 11 heures. Écrivez cette activité sur l'agenda.
3. Sa fille Sabine vient manger avec lui mercredi midi. Ils déjeuneront ensemble à la cafétéria de l'entreprise.

II. J'exploite les atouts des deux agendas

81 Des avis sur les deux sortes d'agenda.
Des assistantes, des secrétaires ont exprimé leur point de vue sur les deux sortes d'agenda.
Lisez leur témoignage. Dites si elles parlent d'un agenda papier ou d'un agenda électronique et si leur opinion est positive ou négative. Cochez les cases qui conviennent.

Témoignages des secrétaires	Agenda papier	Agenda électronique	Opinion positive	Opinion négative
« Avec cet outil, on a la possibilité d'ajouter de nombreuses informations au sujet des rendez-vous. Par exemple je crée un lien pour une réunion : il me suffit de cliquer dessus et je peux lire tout ce qu'il y a à faire pour la préparation de cette réunion. C'est vraiment pratique ! »				
« J'aime bien écrire avec des couleurs différentes en fonction des rendez-vous. l'agenda c'est un objet professionnel mais que l'on peut personnaliser. »				
« C'est peut-être moderne mais quand il y a une panne informatique on est complètement perdu, on ne sait plus du tout ce qui est prévu ! »				
« Ouvrir l'ordinateur au bon endroit quand on prend les rendez-vous par téléphone fait perdre beaucoup trop de temps. C'est difficile d'être concentrée sur ce que nous dit la personne à l'autre bout du fil et sur les différentes fenêtres qui défilent pour arriver à la bonne page ! Je dis peut-être cela parce que je n'ai pas l'habitude, mais c'est vrai que je préfère garder un outil plus traditionnel. »				

82 Un nouvel outil

De nombreuses secrétaires n'ont pas encore l'habitude d'utiliser l'agenda électronique. Elles se posent des questions sur son intérêt et sur son utilisation. Trouvez des réponses à leurs questions. Complétez le tableau comme dans l'exemple.

Leurs questions :

1. L'agenda électronique facilite-t-il l'organisation du travail en équipe ?
2. Comment remédier aux problèmes posés par une panne informatique ?
3. Peut-on insérer rapidement un rendez-vous habituel ?
4. Peut-on être averti à l'avance d'un rendez-vous primordial et des tâches à effectuer liées à ce rendez-vous ?
5. Quel est l'intérêt de pouvoir synchroniser son agenda avec celui de son patron ?

Les réponses :

a) Imprimez chaque matin la page de l'agenda de la journée pour l'avoir sous les yeux et celles des jours suivants pour prévenir tout problème de réseau.
b) Une fonction « rappel » me permet d'être alerté quelques jours plus tôt d'une échéance importante. Je décide à l'avance à quel moment je dois être prévenu : un message arrive sur mon écran à l'heure précise.
c) Lorsqu'il est en déplacement par exemple, mon chef peut consulter l'agenda de son ordinateur portable et il a accès en temps réel aux modifications que j'y apporte.
d) Lorsque les ordinateurs sont en réseau, il est facile de repérer le moment de la semaine où tous les collègues sont libres : ça permet d'organiser plus rapidement une réunion, on ne perd plus des heures au téléphone pour savoir quand la prévoir.
e) L'agenda enregistre et inscrit automatiquement les rendez-vous qui reviennent régulièrement. Par exemple, dans notre entreprise les chefs de service se réunissent chaque vendredi après-midi, l'agenda en a pris note pour toute l'année.

1	2	3	4	5
d				

83 Et vous ? Quel agenda utilisez-vous ?

....

Quels en sont les avantages ? Les inconvénients ?

....
....
....

ORGANISER SON TEMPS

Une bonne secrétaire doit savoir organiser son temps et celui de son patron. La gestion de l'agenda implique aussi de réserver des moments « libres » pour **faire face aux imprévus** qui occupent souvent une grande partie de la journée.
Beaucoup de secrétaires interrogé(e)s nous ont dit que la gestion de l'urgence était un des points les plus importants de leur métier. Il faut savoir **identifier les urgences**, différencier ce qui est « important » de ce qui est « urgent », **les traiter** en organisant les autres tâches.
Faites un tableau des tâches à effectuer dans la journée avec différentes mentions : *urgent et important, urgent mais pas important, peu urgent mais important, ni urgent ni important.*

2 Je planifie un déplacement

I. Un déplacement en France

Monsieur Royal doit visiter une des usines de l'entreprise qui se situe dans le Pays Basque à Saint-Jean-de-Luz. Son assistante Nadia doit planifier son déplacement, de Paris à Saint-Jean-de-Luz. Aidez-la à tout organiser.

84 **Des recommandations.**

Nadia,

Je dois visiter l'usine de Saint-Jean-de-Luz. Après discussion avec le responsable du site, je pense faire l'aller-retour le 3 novembre prochain. Nous aurons une première réunion à 11 h.

Pouvez-vous :
- annuler les rendez-vous prévus ce jour-là,
- réserver le billet d'avion (essayez de trouver un vol sans escale),
- commander un taxi à mon domicile.

Pourrez-vous vérifier le temps qu'il fera dans le sud-ouest, la veille de mon départ ?

Merci

Pierre

Monsieur Royal a laissé une note concernant son déplacement. Lisez-la et répondez aux questions. Cochez la case qui convient.

1. Pierre Royal
   ❒ annonce un déplacement.
   ❒ modifie un déplacement.
   ❒ annule un déplacement.
2. Il a décidé de la date
   ❒ après concertation avec un collaborateur.
   ❒ seul.
   ❒ sous les conseils de Nadia.
3. Il restera à Saint-Jean-de-Luz
   ❒ une journée.
   ❒ un week-end.
   ❒ une semaine.
4. Saint-Jean-de-Luz se trouve
   ❒ en banlieue.
   ❒ à l'étranger.
   ❒ en province.
5. Le taxi viendra le chercher
   ❒ à son bureau.
   ❒ chez lui.
   ❒ à l'hôtel.
6. Monsieur Royal avait d'autres rendez-vous le 3 novembre
   ❒ vrai ❒ faux
   Justification : ....
7. Il accorde de l'importance à la météo.
   ❒ vrai ❒ faux
   Justification : ....

85 Suivre un ordre logique dans l'exécution des tâches.

Nadia a un certain nombre de tâches à effectuer pour organiser ce déplacement. Mettez-les dans un ordre logique. Donnez un numéro à chaque activité (« 1 » pour la première, « 5 » pour la dernière).

Ordre	Tâches à effectuer
	Réserver le billet d'avion.
	Consulter le bulletin météo sur Internet, en informer Monsieur Royal.
	Se renseigner sur l'heure du premier rendez-vous de la journée, sur celui du dernier et sur sa durée.
	Prévoir le déplacement de l'aéroport, pour l'aller et le retour.
	Réserver un taxi parisien pour le matin et le soir.

86 Réserver un billet d'avion.

Nadia a téléphoné à Saint-Jean-de-Luz. Elle sait maintenant que la dernière réunion de travail de monsieur Royal commencera à 15 heures et durera 2 heures. Il faut environ 30 minutes pour aller de l'usine à l'aéroport de Biarritz. À partir de ces nouvelles informations, elle peut réserver le billet pour son patron.

1. Lisez les horaires d'avion trouvés sur Internet et répondez aux questions. Cochez la case qui convient et justifiez votre réponse.

Votre demande
Partir de : Paris, Charles de Gaulle (CDG) - FRANCE
Arriver à : Biarritz, Bayonne Anglet (BIQ) - FRANCE
Vol : Départ le mercredi 3 novembre 2004 - avant midi

Infos vols
Nous vous proposons les horaires sur 7 jours pour vous offrir un choix plus large. Pour obtenir les détails, cochez la case qui vous intéresse.
Les horaires sont affichés en heures

Départ	Ma 2	Me 3	Je 4	Ve 5	Sa 6	Di 7	Lu 8	Arrivée	Durée totale du voyage	Numéro	Escale ou correspondance
13:35	❍	❍	❍	❍	❍	❍	❍	15:00	01h25	AF7638	vol direct
21:25	❍	❍	❍	❍	❍	❍	❍	22:50	01h25	AF7636	vol direct
07:15	❍	❍	❍	❍	❍		❍	10:10	02h55	AF7640/AF5432	Lyon
09:35						❍		13:15	03h40	AF7652/AF5434	Lyon
13:15	❍	❍	❍	❍			❍	17:05	03h50	AF7644/AF5434	Lyon
13:20						❍		17:35	04h15	AF7714/AF5366	Nice

vols suivants >
nouvelle recherche — imprimer — afficher le détail des vols

Votre demande
Partir de : Paris, Orly (ORLY) - FRANCE
Arriver à : Biarritz, Bayonne Anglet (BIQ) - FRANCE
Vol : Départ le mercredi 3 novembre 2004 - avant midi

Infos vols
Nous vous proposons les horaires sur 7 jours pour vous offrir un choix plus large. Pour obtenir les détails, cochez la case qui vous intéresse.
Les horaires sont affichés en heures

Départ	Ma 2	Me 3	Je 4	Ve 5	Sa 6	Di 7	Lu 8	Arrivée	Durée totale du voyage	Numéro	Escale ou correspondance
08:35	❍	❍	❍	❍	❍		❍	09:55	01h20	AF7480	vol direct
11:40	❍	❍	❍	❍	❍	❍	❍	13:00	01h20	AF7482	vol direct
16:55	❍	❍	❍	❍		❍	❍	18:15	01h20	AF7488	vol direct
19:15	❍	❍	❍	❍	❍	❍	❍	20:35	01h20	AF7484	vol direct
21:25	❍	❍	❍	❍		❍	❍	22:45	01h20	AF7494	vol direct
14:10	❍	❍	❍	❍			❍	17:05	02h55	AF7404/AF5434	Lyon

vols suivants >
nouvelle recherche — imprimer — afficher le détail des vols

Votre demande
Partir de : Biarritz, Bayonne Anglet (BIQ) - FRANCE
Arriver à : Paris, Orly (ORLY) - FRANCE
Vol : Départ le mercredi 3 novembre 2004 - avant midi

Infos vols
Nous vous proposons les horaires sur 7 jours pour vous offrir un choix plus large. Pour obtenir les détails, cochez la case qui vous intéresse.
Les horaires sont affichés en heures

Départ	Ma 2	Me 3	Je 4	Ve 5	Sa 6	Di 7	Lu 8	Arrivée	Durée totale du voyage	Numéro	Escale ou correspondance
06:45	❍	❍	❍	❍	❍		❍	08:05	01h20	AF7481	vol direct
13:50	❍	❍	❍	❍	❍	❍	❍	15:10	01h20	AF7485	vol direct
17:20	❍	❍	❍	❍	❍	❍	❍	18:40	01h20	AF7489	vol direct
19:05	❍	❍	❍	❍		❍	❍	20:25	01h20	AF7491	vol direct
21:20	❍	❍	❍	❍		❍	❍	22:40	01h20	AF7495	vol direct
06:45	❍	❍	❍	❍			❍	09:45	03h00	AF5431/AF7403	Lyon

vols suivants >
nouvelle recherche — imprimer — afficher le détail des vols

a) Ces horaires sont valables pour la seule journée du 3 novembre.

❒ vrai ❒ faux

Justification : ....

b) Tous les vols proposés sont sans escale.

❒ vrai ❒ faux

Justification : ....

c) Les horaires sont donnés en suivant l'ordre chronologique.

❒ vrai ❒ faux

Justification : ....

2. Choisissez les vols qui conviennent. Remplissez le tableau.

	ALLER	RETOUR
Ville de départ		
Aéroport de départ		
Ville d'arrivée		
Aéroport d'arrivée		
Heure de départ		
Heure d'arrivée		
Numéro de vol		
Vol direct		
Escale		

II. Un déplacement à l'étranger

87 Des démarches spécifiques aux voyages à l'étranger.
Un guide de préparation des déplacements à l'étranger donne des conseils pour ne rien oublier avant le départ. Associez chaque conseil à la rubrique du guide qui correspond.
Complétez le tableau comme dans l'exemple. Attention : une rubrique peut contenir plusieurs conseils.

Rubriques du guide :

1. Renseignements sur le pays
2. Pièce d'identité
3. Santé
4. Assurance
5. Bagages

Conseils :

a) Rassemblez les factures des ordinateurs et téléphones portables ou de tout autre matériel de valeur dont le voyageur aura besoin.
b) Faites faire les vaccinations obligatoires pour certains pays.
c) Pour connaître les particularités de chaque pays, rechercher les informations utiles sur Internet.
d) Contrôler la validité du passeport.
e) Vérifier les contrats (rapatriement par exemple) de chaque voyageur.
f) Consulter le consulat pour obtenir un visa quand le pays de destination l'exige.
g) Contacter le médecin pour avoir une liste des médicaments à apporter.

1	2	3	4	5
c				

88 Votre pays.

Faut-il un visa pour venir dans votre pays ?

....

Quelles informations pratiques peuvent être utiles pour quelqu'un qui y va en déplacement professionnel ?

....
....
....
....

89 L'hébergement.

En ce qui concerne l'hébergement, plusieurs structures existent.

Lisez les témoignages suivants et complétez-les à l'aide d'un des types d'hébergement cités ci-dessous. (Ajoutez un article)
Hôtel – résidence hôtelière – appartement meublé.

1. *Louise :* « Mon patron est très indépendant. nous avons une filiale en Espagne et il y va très souvent. L'entreprise à investi dans l'achat d' ...., tous les cadres qui vont à Barcelone y séjournent. Ils sont autonomes et même à des kilomètres de leur domicile, le soir ils ont un peu l'impression d'être chez eux. »
2. *Dorian :* « Quand je suis à l'étranger pour le travail j'aime bien me reposer le soir et n'avoir à m'occuper de rien. Je mange souvent au restaurant de .... où je descends, j'en profite pour goûter les spécialités du pays. »

3. *Antoine :* « Ce qui est bien dans ...., c'est l'espace. Je n'aime pas être entre quatre murs avec juste un lit et un bureau. Là, il y a un espace de vie que j'apprécie beaucoup, surtout quand je reste plus de deux/trois jours dans le pays. Il y a non seulement la possibilité de cuisiner dans sa « chambre » pour éviter de dîner tous les soirs seul au restaurant, mais on a aussi accès à tous les services habituels : pressing, ligne téléphonique... Bref pour moi c'est l'idéal ! »

90 L'argent.

Lisez le document suivant et répondez aux questions. Cochez la case qui convient.

DEVISES RAPIDES

Vous partez en voyage et vous n'avez pas le temps d'aller chercher des devises à la banque ?
DEVISES RAPIDES est fait pour vous !
Commandez vos devises sur Internet, elles vous attendent à la gare ou à l'aéroport (en France) dans l'heure qui suit.
Vous n'avez pas tout dépensé ? Nous les reprenons à votre retour, en échange de 6 euros, et vous ne perdez pas au change !
Consultez vite notre site Internet : www.devisereapide.fr

1. Ce texte est
❒ un article. ❒ une note. ❒ une publicité.

2. Les services proposés sont gratuits.
❒ vrai ❒ faux

91 Les désagréments du voyage en avion : y remédier.

Pour trouver des solutions et mieux conseiller votre patron, remettez les phrases dans l'ordre.

1. de secours. / s'asseoir / Pour / plus de / avoir / près / place / des issues

....

2. un / l'avion : / souvent / chaussettes. / fait / dans / apportez / et des / Il / pull / froid

....

3. pour / toute / vol. / Apporter / toilette / frais / une / de / la durée / rester / du / trousse

....

4. dès que / l'avion. / Pour / d'être / horaire / du pays / par le / éviter /vous / perturber / destination / votre montre / trop / décalage / à l'heure / dans / êtes / régler / assis

....

....

....

5. Je communique avec les partenaires extérieurs

1 Je téléphone et je reçois des appels

I. Appeler

92 Préparer l'appel.

Lisez la note laissée par Monsieur Martin à son assistante et répondez aux questions.

Marie,

Pouvez-vous contacter la société OVIVE pour prendre rendez-vous avec Monsieur Dulac le directeur commercial. Je souhaiterais le voir assez vite, il est au courant. Merci.

Louis

1. Quand il s'adresse à son assistante, Monsieur Martin la
❑ tutoie. ❑ vouvoie.

2. Ils s'appellent par leur
❑ prénom. ❑ nom de famille.

3. Cette note d'information est un document
❑ formel. ❑ informel.

4. Suite à la lecture de cette note, l'assistante va contacter la société OVIVE par
❑ courrier. ❑ téléphone.

5. Pour préparer son appel, Marie remplit une fiche. Aidez-la : complétez cette fiche en fonction des instructions laissées par Monsieur Martin.

Fiche d'appel téléphonique

Entreprise : .... Numéro de téléphone : *01.49.65.80.00*

Service à demander : ....

Personne à contacter : .... Poste : *8874*

Document(s) à consulter :

....

....

Information(s) importante(s) à indiquer :

....

....

93 S'exprimer clairement.

1. Ne pas parler trop vite ni trop lentement.
2. Prononcer de façon distincte.
3. Éviter de chercher ses mots, faire des phrases simples et courtes.
4. Sourire et donner du sens à ses mots dans la façon de les dire : éviter un ton monocorde.

Dites sur quoi portent chacun de ces conseils, remplissez le tableau suivant à l'aide d'un des conseils. Notez le numéro qui correspond.

Traits caractéristiques de la parole	Conseils
La clarté	N° ....
Le rythme	N° ....
L'articulation	N° ....
L'intonation	N° ....

94 Chauffer sa voix.

Voici quelques phrases à dire avant de téléphoner pour chauffer sa voix et travailler l'articulation.
Lisez-les plusieurs fois avant de téléphoner, vous serez plus à l'aise !

- *Le beau bambin bleu babille dans son bain.*
- *Si six scies scient six troncs, six cents scies scieront six cents troncs.*
- *Trois tortues trottent sur trois toits très étroits.*

Quelle(s) difficulté(s) rencontrez-vous ? ....

....

....

95 Laisser un message sur un répondeur.

Si la personne que vous appelez n'est pas disponible, vous pouvez être amené(e) à laisser un message sur un répondeur. Pour cela aussi il est important de préparer ce que vous allez dire.

LE MESSAGE DOIT CONTENIR PLUSIEURS INFORMATIONS :

- Votre nom, votre fonction. Le nom de votre entreprise (quand vous appelez de l'extérieur).
- Le jour et l'heure de l'appel (même si de nombreux répondeurs enregistrent ces informations automatiquement).
- Le nom de la personne à qui vous adressez votre message (un répondeur sert parfois à l'ensemble su service).
- L'objet de l'appel. Faites court (la capacité de mémoire des répondeurs est limitée) mais efficace, n'oubliez pas d'informations importantes.

Attention : ne laissez jamais d'informations confidentielles dans un message. Vous ne savez pas qui l'écoutera. En revanche, vous pouvez dire :
« Je voulais vous parler d'une question particulière, je vous rappellerai. »

- Indiquez la suite à donner à ce message : « Rappelez-moi au .... à partir de 14 heures.» ou « Je vous rappelle dans la journée... » Si besoin, indiquez l'urgence de votre demande.

1. Relisez la situation de l'activité 92 et préparez le message que Marie pourrait laisser sur le répondeur en cas d'absence de son interlocuteur. Rédigez le texte du message.

....

....

....

....

....

2. Enregistrez votre message, écoutez-le (et faites-le écouter). Avez-vous suivi les conseils donnés (activité 93) ?

❑ oui ❑ non

Si « non », que vous faut-il améliorer ?

....

....

96 Établir une conversation téléphonique.

LES DIFFÉRENTES ÉTAPES D'UNE CONVERSATION TÉLÉPHONIQUE

a. Saluez.
b. Présentez-vous (nommez votre entreprise).
c. Vérifiez que votre interlocuteur est le bon. (Si non, demandez à lui parler).
d. Expliquez clairement l'objet de votre appel. Pour obtenir un rendez-vous, invoquez tous les bénéfices que votre interlocuteur pourra tirer de votre rencontre. Ne soyez pas trop long, choisissez vos arguments.
e. Remerciez et prenez congé.

1. Voici des phrases extraites de conversations téléphoniques. À partir des informations données dans le tableau ci-dessus, dites à quelle rubrique (quel moment de l'appel) chaque phrase correspond. Complétez le tableau comme dans l'exemple. Plusieurs phrases peuvent correspondre à la même rubrique.

1. « Pourrais-je parler à Monsieur Laffont, s'il vous plaît ? »
2. « Mon appel concerne notre rendez-vous de lundi prochain... »
3. « Lucas Hofmann à l'appareil,... »
4. « Bonjour Madame Dujardin. »
5. « Je vous remercie. À bientôt. »
6. « Je crois que nous devions nous contacter au sujet du dossier... »
7. « Je suis Mademoiselle Leconte de la société Imax. »
8. « J'aimerais vous rencontrer pour discuter avec vous du projet... »

a	b	c	d	e
4				

2. Écrivez les phrases ci-dessus sur huit morceaux de papier. À deux, imaginez diverses situations dans lesquelles ces phrases peuvent s'insérer.

Situation générale :
Où ? Au téléphone.
Qui ? Deux personnes.
Quoi ? Les deux personnes s'appellent pour raison professionnelle.

Piochez au hasard une phrase, choisissez votre rôle et décidez ensemble qui dira la phrase. Jouez la scène.

N'oubliez pas que quand on téléphone on ne voit pas son interlocuteur : Tournez-vous le dos et ne vous retournez sous aucun prétexte avant la fin de la conversation !

97 Téléphoner pour agir.

Lorsque l'on indique l'objet d'un appel, on est parfois amené à dire des phrases qui équivalent à des actions. Voici quatre phrases extraites de conversations téléphoniques. **Lisez-les et dites à quelle action chacune correspond. Complétez les énoncés par un verbe choisi dans la liste :**

– convoquer – annuler – retenir – prendre –

1. Pour .... rendez-vous chez le médecin : « Je voudrais avoir un rendez-vous avec le Docteur Beaumont, s'il vous plaît. »

2. Pour .... un rendez-vous : « Madame Lefort a un empêchement de dernière minute, elle ne pourra pas vous recevoir. »

3. Pour .... une table au restaurant : « Je souhaiterais réserver une table pour cinq personnes. »

4. Pour .... une personne à un entretien d'embauche : « Pouvez-vous vous présenter dans nos bureaux le 14 mai à 10 heures ? »

II. Recevoir des appels

98 Se rendre disponible pour traiter tout appel.

Madame Leclair est secrétaire. Elle est souvent obligée d'interrompre ses activités pour répondre au téléphone. Pour être disponible à tout moment, elle donne des conseils à une stagiaire.

Des conseils extravagants se sont glissés dans les bulles. Repérez-les et barrez-les comme dans l'exemple.

99 Prendre un message.

Reprenez la matrice du jeu de rôle proposé dans l'activité **96**. Une personne qui joue le rôle d'une assistante doit prendre note de la conversation téléphonique pour ensuite en faire part à son supérieur hiérarchique.

1. Jouer la situation, l'assistante remplit la fiche suivante.

MESSAGE TÉLÉPHONIQUE

À l'attention de ....

Le ..../........./......... à .... h .... mn

Monsieur / Madame / Mademoiselle ....

Société : . ... Tél. : ....

....

❑ a téléphoné

❑ a laissé un message sur répondeur

❑ rappellera

❑ demande que vous rappeliez

Objet de l'appel :

....

....

....

Autre information importante :

....

....

2. À deux, vérifiez si la fiche est bien remplie. Ou, mieux, faites remplir la fiche par une troisième personne qui assiste à la scène. Comparez les deux fiches et discutez des différences.

100 Filtrer les appels.

Le travail d'une secrétaire est aussi de sélectionner les appels qui arrivent de l'extérieur.

Il n'est pas toujours facile de prendre la décision de bloquer ou pas l'appel.

Voici quelques situations. Décidez de l'attitude à adopter pour y faire face. Cochez la case qui convient.

1. Un demandeur d'emploi appelle pour proposer ses services. Il semble avoir des idées neuves et hors du commun.

❑ Vous lui accordez un rendez-vous.

❑ Vous prenez ses coordonnées.

❑ Vous lui expliquez fermement mais avec courtoisie que votre entreprise n'est pas intéressée.

2. Un démarcheur appelle pour la troisième fois pour présenter une nouvelle machine à boissons avec des tarifs attractifs. Vous avez déjà un contrat avec un autre fournisseur.
❑ Vous lui accordez un rendez-vous.
❑ Vous prenez ses coordonnées.
❑ Vous lui expliquez fermement mais avec courtoisie que votre entreprise n'est pas intéressée.

3. Un homme se présente comme étant un ami d'enfance de votre supérieur hiérarchique. Il ne l'a pas vu depuis des années et souhaite reprendre contact avec lui.
❑ Vous lui accordez un rendez-vous.
❑ Vous prenez ses coordonnées.
❑ Vous lui expliquez fermement mais avec courtoisie que votre entreprise n'est pas intéressée.

2 J'indique un chemin par mèl

101 **L'étage d'une entreprise.**

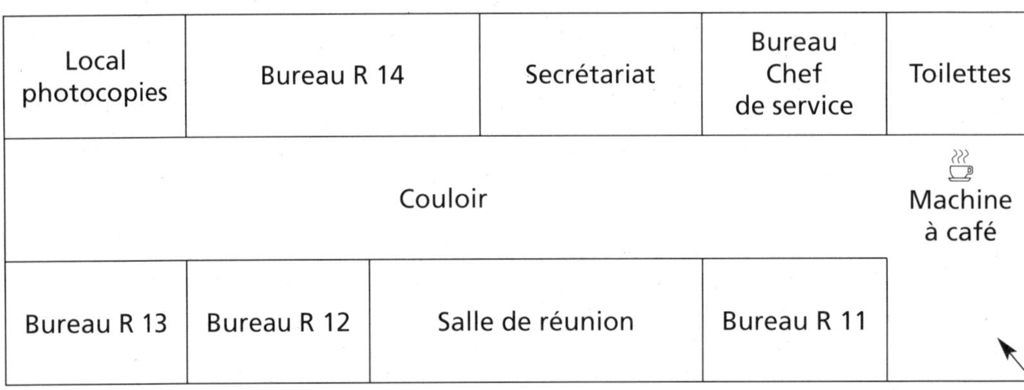

Lisez les devinettes et complétez-les comme dans l'exemple. Aidez-vous du schéma.

1. *Le bureau R13 est* **à côté du** bureau R12 et **en face du** local à photocopies.
2. Un .... long et étroit et permet d'accéder à toutes les salles.
3. La .... est **entre** le bureau R11 **et** le bureau R12.
4. Le .... est le premier bureau de l'étage.
5. Le .... se situe **au bout du** couloir à droite.
6. La .... n'est pas une pièce mais pendant la pause les employés s'y retrouvent.
7. Le .... est **en face de** la salle de réunion et **à côté du** bureau du chef de service.

102 Comprendre un mèl.

Lisez le document et répondez aux questions.

Fichier Editer Visualiser Opérations Outils Fenêtre Aide

Exp. : Marie-Laure Buneix CC :

Dest. : Monsieur Léonard CM :

Objet : Nos bureaux

Message :

Bonjour Monsieur Léonard,
Vous trouverez en pièce jointe un plan du quartier où se trouvent nos bureaux. Je vous conseille de descendre à la station de métro « Place d'Italie », prenez la sortie « mairie du XIIIe ».
Là, dirigez-vous vers l'avenue des Gobelins : sur votre gauche quand vous êtes face à la mairie. Remontez cette avenue, trottoir numéros impairs. Prenez la troisième rue à droite (il y a une compagnie d'assurances à l'angle). Notre entreprise se situe au 25 de la rue Véronèse.
Nous vous attendons, comme convenu, lundi prochain (le 13) à 10 heures 30. N'hésitez pas à reprendre contact avec nous pour toute autre information.
Cordialement.
Marie-Laure Buneix

Envoyer

Annuler

Adresse

Cochez la case qui convient.

1. Dans ce message, Marie-Laure fixe un rendez-vous.
❑ vrai ❑ faux
Justification : ....

2. Monsieur Léonard travaille rue Véronèse.
❑ vrai ❑ faux
Justification : ....

3. Marie-Laure
❑ envoie un plan pour toute explication.
❑ ajoute des explications au plan.
❑ explique le chemin sans donner de plan.

103 Situer l'entreprise dans son environnement proche.

À partir des explications données par Marie-Laure (102), repérez sur le plan la rue Véronèse. Tracez l'itinéraire de Monsieur Léonard et faites une croix à l'adresse où il a rendez-vous.

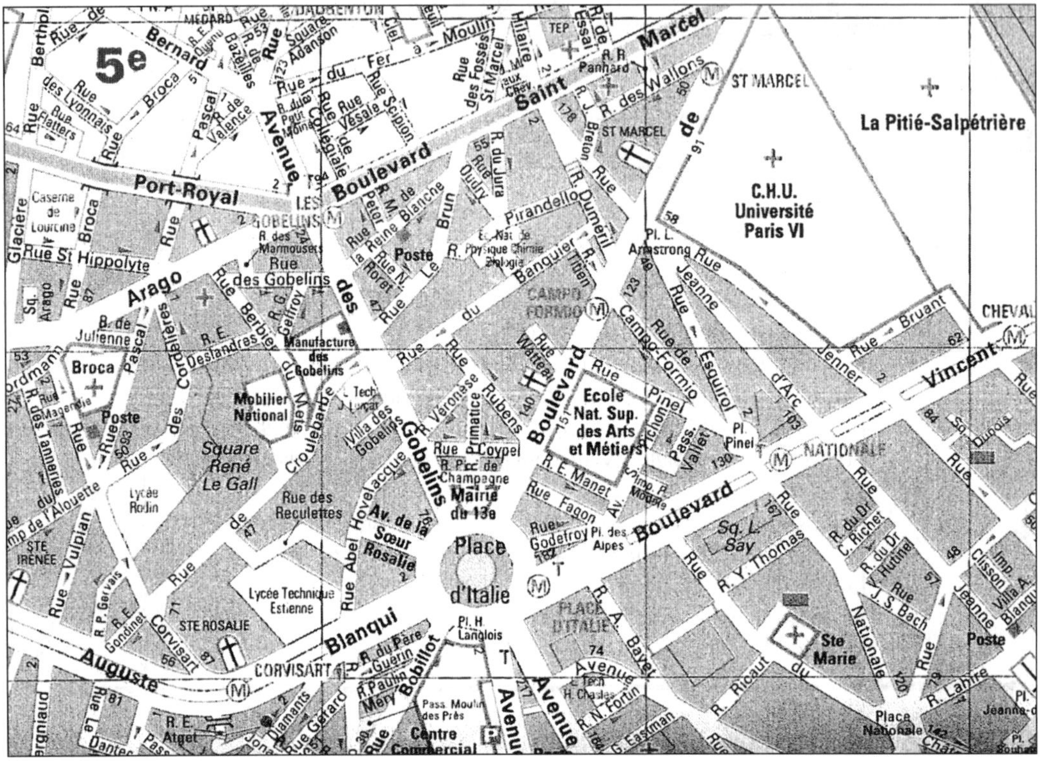

104 Et vous ? Votre entreprise ?

1. En prenant exemple sur le schéma de l'activité 101, dessinez le plan des locaux de votre entreprise. Écrivez le nom de chaque pièce sur le plan.

2. **Situez les différentes pièces les unes par rapport aux autres. Rédigez des devinettes comme dans l'activité 101 et faites-les compléter par votre voisin(e).**

105 **Écrire un mèl pour indiquer un chemin.**

Vous répondez à une personne qui doit se rendre dans les locaux de votre entreprise. Rédigez le mèl pour lui indiquer le chemin.

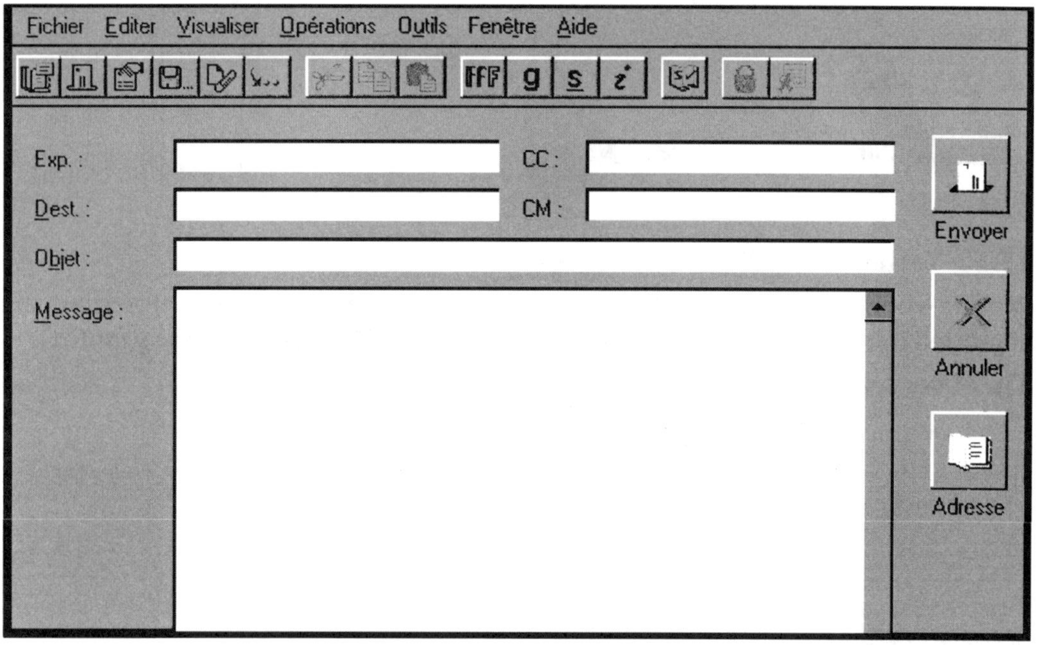

3 J'accueille les visiteurs

106 **Quel accueil ?**

Observez les deux accueils (page 68). Vous êtes visiteur (-euse) dans ces entreprises, dans laquelle vous sentez-vous le (la) mieux accueilli(e) ? Pourquoi ?

107 Tester l'accueil de l'entreprise.

Mettez-vous à la place du visiteur. Essayez d'avoir un regard nouveau sur l'accueil dans votre entreprise (ou d'une entreprise que vous fréquentez).

Qu'observez-vous ?

....

....

Comment peut-on l'améliorer ?

....

....

AMÉLIORER L'ACCUEIL

- Les visiteurs doivent pouvoir patienter confortablement, équipez (ou faites équiper) la salle d'attente de sièges confortables.
- Pour rendre l'attente plus agréable, mettez des magazines à leur disposition. Pensez à souvent les changer : ils ne liront pas les mêmes numéros à chaque visite !
- À l'aide d'un affichage clair, pensez à indiquer l'emplacement des toilettes et, éventuellement, celui de la machine à café.

4 Je tiens la correspondance

108 Lire une lettre.

Hélène est secrétaire chez *Boitengro*, entreprise qui met des légumes en conserve et qui les commercialise. Voici une lettre qui fait partie du courrier traité par Hélène. Lisez-la et répondez aux questions.

BOITENGRO

13 rue Henri Barbusse
94200 Ivry-sur-Seine

Bon prix
43 avenue Denise Gosnat
94200 Ivry-sur-Seine

Ivry, le 28 septembre 20..

Objet : retard de livraison.

Monsieur,

Je fais suite à notre entretien téléphonique du 25 septembre concernant la livraison d'un lot de 400 boîtes de légumes cuisinés.

J'ai le regret de vous informer que nous sommes dans l'impossibilité de respecter la date de livraison prévue initialement, à savoir, le 7 octobre. En effet, un problème technique nous impose de repousser cette livraison à la semaine du 15 octobre.

Je vous prie d'excuser ce fâcheux contretemps. Je reste à votre disposition pour toute information complémentaire.

Veuillez agréer, Monsieur, mes salutations distinguées.

Ph. Leconte
(signature)

1. Hélène
❑ reçoit cette lettre. ❑ envoie cette lettre.

2. *Boitengro* est un des fournisseurs de *Bon prix*.
❑ vrai ❑ faux

3. Dans cette lettre, Philippe Leconte annonce une bonne nouvelle.
❑ vrai ❑ faux

4. Le retard de livraison est lié à
❑ une panne de matériel. ❑ une grève du personnel.

109 Identifier et utiliser les phrases types.

Dans la lettre écrite par Philippe Leconte (activité 108), chaque phrase a une fonction précise.
Comme dans l'exemple, identifiez la phrase qui correspond à la fonction énoncée. Copiez les phrases qui conviennent.

Ex. : Annoncer la raison du courrier avant de commencer le texte de la lettre elle-même :
Objet : *retard de livraison.*

1. Préciser à qui s'adresse la lettre (une ou plusieurs personnes selon le cas) :

....

2. Évoquer un premier contact et son objet :

....

3. Informer d'un problème et le déplorer :

....

4. Expliquer la cause du problème et annoncer les changements que cela entraîne :

....

5. S'excuser et rester à disposition :

....

6. Prendre congé à l'aide d'une formule de politesse (qui précise à nouveau à qui l'on s'adresse):

....

110 Trier le courrier.

Hélène classe le courrier. Voici le système qu'elle utilise : **1. arrivée**, **2. départ**, **3. à classer**, **4. à saisir**.

1. Expliquez la signification de ce tri. Dites à quoi correspond chaque casier. Complétez le tableau suivant avec le chiffre qui convient.

a. Courrier à taper (utiliser le traitement de texte).
b. Courrier à envoyer.
c. Courrier à conserver et à ranger.
d. Courrier à lire ou à distribuer dans l'entreprise.

1
2
3
4

1	2	3	4
d			

2. Relisez la lettre de l'activité 108, dans quel casier Hélène va-t-elle la mettre ?

....

111 Relire le courrier « départ ».

Clara travaille au secrétariat du magasin *Bon prix*. Elle a écrit une réponse à la lettre reçue. Sa lettre contient des erreurs (ponctuation, forme de la lettre, lexique, orthographe, grammaire). Aidez-la à les corriger. Recopiez la lettre sans les erreurs.

BOITENGRO

13 rue Henri Barbusse
94200 Ivry-sur-Seine

Bon prix
43 avenue Denise Gosnat
94200 Ivry-sur-Seine

Ivry, le 30 septembre 20..

Objet : retard de livraison.

Madame,

Je me réfère à vos courrier du 28 septembre prochain. j'ai pris note du retard de livrèson annoncée afin de donner satisfaction à notre clientèle, nous somme intéressés par tous autre produit proche des celui manquant. Pouvez vous nous faire une proposition rapide dans ce sens. Je vous en remercie par avance et vous pris de recevoir, Madame, Monsieur, mes salutations les meilleurs.

Clara Léoni
(signature)

CONSEILS POUR ÉVITER LES ERREURS

- Le traitement de texte est très utile pour repérer les erreurs. Utilisez la fonction correction automatique de votre logiciel : dans *outils* cliquez sur « *grammaire et orthographe* ». Toutes les erreurs n'apparaissent pas mais les plus grosses peuvent être évitées.
- Imprimez la lettre et relisez-la sur papier, c'est souvent plus facile de voir ce qui ne va pas. Pensez toujours à la forme de la lettre, le code de présentation doit être respecté. N'oubliez pas la ponctuation et les majuscules.
- Ne faites pas de phrases trop longues : une idée par phrase.

112 **Rédiger une lettre.**

Vous travaillez chez Boitengro. Écrivez la réponse à *Bon Prix*. Pour répondre à leur demande proposez un lot de 200 boîtes de légumes à la provençale.

113 **Remplir l'enveloppe.**

Remplissez l'enveloppe pour que la lettre arrive jusqu'à son destinataire.

Lexique du Secrétariat

Les mots sont définis en fonction du contexte dans lequel ils ont été utilisés dans le livre, il ne s'agit pas ici de donner une définition exhaustive.

Liste des abréviations utilisées dans les définitions :
– n.f. : nom féminin
– n.m. : nom masculin
– adj. : adjectif
– adv. : adverbe
– v. : verbe
– pl. : pluriel
– loc. : locution

A

Accueil (n.m.)
1. Manière de recevoir quelqu'un qui arrive. 2. Lieu d'une entreprise où les visiteurs sont reçus.

Affiche (n.f.)
Feuille de papier imprimée qui donne une information, annonce un événement. L'affiche est placée au mur.

Afficher (v.)
1. Informer par affiche. 2. Action de fixer une affiche au mur.

Affichette (n.f.)
Petite affiche.

Agenda (n. m.)
Cahier ou carnet sur lequel on écrit les rendez-vous. L'agenda peut aussi être électronique, le support est alors informatique.

Alarme (n.f.)
Sonnerie ou sirène qui avertit du danger.

Alterner (v.)
Changer.

Ancienneté (n.f.)
Temps passé à exercer une profession.

Architecte (n. m.)
Profession d'une personne qui dessine les plans d'un bâtiment.

Archiver (v.)
Classer des documents pour les conserver.

Archives (n.f. pl.)
Documents classés, souvent anciens, ils sont peu utilisés.

Armoire (n.f.)
Meuble haut fermé par une ou plusieurs portes. Dans un bureau, on y range des documents.

Arobase (n.f.)
Nom donné au symbole @. Il est utilisé dans les adresses électroniques. Se prononce *at* (= *chez* en français).

Articulation (n.f.)
Prononciation.

Assistant(e) de direction (loc.)
Personne dont le métier est d'aider, de seconder un des responsables de l'entreprise.

Association (n.f.)
Groupe de personnes qui s'unissent dans un même intérêt. En France, le statut des associations est prévu par une loi de 1901.

Assurance (n.f.)
Contrat par lequel on couvre différents risques (rapatriement, vol, accident...)

Astuce (n.f.)
Petite invention pratique.

Atout (n. m.)
Capacité qui aide à réussir.

Attentif (adj.)
Qui fait attention, qui est concentré sur ce qu'il fait.

Augmentation (n.f.)
Accroissement. Demander une augmentation de salaire : demander à être mieux payé.

Autonome (adj.)
Qui sait s'organiser seul et peut mener à bien une activité sans aide extérieure.

Autorisation (n.f.)
Permission.

Avantage (n. m.)
Intérêt, aspect positif que présente une chose, une situation.

Avis (n.m.)
Opinion, « Avoir un avis sur un sujet, sur une question ».

B

Badge (n. m.)
S'accroche aux vêtements, permet d'identifier une personne qui circule dans l'entreprise. Le badge présente souvent la photo, le nom, le prénom et le numéro identifiant de son propriétaire.

Barre d'espacement (loc.)
Touche du clavier de l'ordinateur qui permet de créer un espace entre deux mots, deux signes.

Bavard (adj.)
Qui parle beaucoup.

Bénévole (adj.)
Qui travaille sans être payé.

Bilingue (adj.)
Qui parle deux langues.

Binôme : Travailler en binôme (loc.)
Travailler par équipe de deux. Le binôme peut être formé de deux secrétaires, d'un cadre et d'une secrétaire…

Bloc-notes (n. m.)
Carnet ou cahier sur lequel on prend des notes.

Boîte (n. f.)
1. Récipient avec couvercle dans lequel on peut ranger toutes sortes de (petites) choses. « Il range ses clés dans une boîte en bois posée sur son bureau. »
2. Entreprise (en français familier) : « Dans ma boîte il y a 30 employés ».

Boulot (n. m.)
Travail (en français familier).

Brut (adj.)
Le salaire brut est le salaire avant déduction des diverses taxes et cotisations.

Bruyant (adj.)
Un bureau bruyant est un bureau où il y a du bruit.

Bureau (n. m.)
1. Pièce dans laquelle les employés travaillent. Le bureau peut être paysager ou cloisonné (cf. chapitre 2). 2. Table de travail.

C

Cabinet médical (loc.)
Lieu dans lequel le docteur reçoit les malades.

Cadre (n. m.)
Statut d'une personne qui, dans une entreprise, occupe un poste à responsabilité. Ce statut est souvent lié au niveau d'études supérieures (4 ans minimum).

Carrière (n.f.)
Métier qui présente une progression. « Il a fait carrière dans l'administration : il a commencé standardiste, il est actuellement assistant de direction. »

Carton (n. m.)
1. Matière, papier épais et résistant, souvent de couleur marron. 2. Boîte en carton dans laquelle on peut ranger des objets. Très souvent utilisé pendant les déménagements.

Cartouche d'encre (loc.)
Petit tube en plastique (ou en métal) rempli d'encre que l'on met dans un stylo pour le recharger.

Catalogue (n. m.)
Brochure, plus ou moins épaisse, qui présente des produits à vendre.

CD (n. m.)
Disque compact qui, gravé, permet de conserver des informations (texte, musique, image…).

CDD (loc.)
Contrat à durée déterminée.

CDI (loc.)
Contrat à durée indéterminée.

Cesser (v.)
Arrêter.

Change (n. m.)
Action de changer une monnaie contre une autre. Le change peut se faire à la banque ou dans tout autre bureau de change.

Chef de service (loc.)
Personne qui dirige le service d'une entreprise.

Chemise à rabats (loc.)
Pochette en carton ou en plastique dont les côtés sont repliés. Elle sert à ranger des documents.

Ciseaux (n. m. pl.)
Formés de deux lames en métal qui se croisent, les ciseaux servent à couper du papier, du carton…

Classement (n. m.)
Action de ranger dans un ordre établi. Le classement peut être thématique, chronologique, alphabétique.

Classer (v.)
Ranger en suivant un classement.

Classeur à broche (loc.)
Outil de bureau qui permet de classer des documents. Les papiers sont maintenus par un système de broches (2 ou 4).

Clavier (n. m.)
Ensemble des touches d'un ordinateur ou d'un téléphone.

Cliquer (v.)
Appuyer sur la souris de l'ordinateur pour sélectionner un élément qui apparaît sur l'écran.

Code du travail (loc.)
Document qui réunit les textes légaux relatifs au droit du travail.

Colle (n.f.)
Matière utilisée pour fixer ensemble deux feuilles de papier, deux objets. Il existe plusieurs sortes de colle : colle à papier, colle forte, colle à bois...

Collègue (n. m. ou f.)
Personne avec laquelle on travaille.

Commande (n.f.)
Démarche par laquelle un client demande un bien ou un service.

Commission culturelle (n.f.)
Commission d'une entreprise qui s'occupe de l'action culturelle.

Communication interne (n.f.)
Communication qui se fait à l'intérieur d'une entreprise.

Compétence (n.f.)
Aptitude, capacité professionnelle.

Comptabilité (n.f.)
Calcul, gestion des dépenses et des recettes d'une entreprise.

Compte rendu (n. m.)
Rapport écrit qui résume une réunion (par exemple).

Concertation (n.f.)
Action de se mettre d'accord en vue d'une décision commune.

Conclusion (n.f.)
Fin ; partie qui termine un récit, un discours.

Conditions de travail (loc.)
Situations, circonstances dans lesquelles se déroule un travail.

Conférencier (n. m.)
Personne qui parle en public, qui anime une réunion sur un sujet précis pour lequel il est spécialisé.

Confidentiel (adj.)
Un dossier confidentiel est un dossier qui doit être gardé secret.

Congé (n. m.)
Autorisation de ne pas travailler. Il existe plusieurs sortes de congés : congé maternité, paternité, vacances…)

Constater (v.)
Se rendre compte de quelque chose.

Consulter (v.)
1. Consulter quelque chose : regarder quelque chose pour avoir un renseignement (son dictionnaire pour avoir la définition d'un mot, par exemple). 2. Consulter quelqu'un : demander l'avis de quelqu'un.

Consultant (n. m.)
Personne qui donne des conseils aux entreprises.

Contacter (v.)
Se mettre en relation avec quelqu'un.

Contrat (n. m.)
Accord écrit entre plusieurs personnes qui fixe les droits et les devoirs de chacun. Ex. : un contrat de travail entre un employeur et son employé.

Convocation (n.f.)
Action par laquelle on demande à quelqu'un de venir. La convocation peut se faire sous forme de lettre.

Coordonnées (n.f. pl.)
Indications qui permettent de contacter quelqu'un (l'adresse et le numéro de téléphone).

Couloir (n. m.)
Espace d'un bâtiment, d'une entreprise qui permet d'aller d'une pièce à une autre. Le couloir est souvent long et étroit.

Couper la parole (loc.)
Interrompre quelqu'un qui est en train de parler.

Coupure de courant (loc.)
Interruption de fourniture d'électricité. Il peut y avoir une coupure de courant lors de travaux ou en cas de panne.

Courtois (adj.)
Très poli.

Covoiturage (n. m.)
Système d'entraide qui permet à une personne qui n'a pas de véhicule de bénéficier d'un déplacement dans la voiture d'une autre personne.

Crayon (n. m.)
Outil qui sert à écrire. Le crayon est en bois avec au centre une mine de plomb.

Critère (n. m.)
Permet de porter un jugement, une appréciation sur quelque chose.

CV (Curriculum Vitae) (loc.)
Document qui présente la formation et le parcours professionnel d'une personne. Il accompagne la lettre de motivation pour une demande d'emploi.

D

Débat (n. m.)
Discussion organisée et dirigée.

Décision (n.f.)
Action par laquelle on choisit de faire ou de ne pas faire quelque chose.

Délai (n. m.)
Temps accordé pour faire quelque chose.

Déménagement (n. m.)
Action de transporter des meubles et des objets d'un appartement à un autre lors d'un changement de domicile par exemple.

Demeurer (v.)
Habiter.

Dépenser (v.)
Utiliser, employer de l'argent.

Déplacement (n. m.)
Voyage dans le cadre de l'exercice d'une profession.

Destinataire (n. m.)
Personne à qui on adresse un message, un courrier.

Devise (n.f.)
Monnaie étrangère.

Direction (n.f.)
1. Organe décisionnel d'une entreprise.
2. Mot utilisé pour désigner le service d'une entreprise. Ex. : direction financière.

Discret (adj.)
Qui ne se fait pas remarquer.

Disquette (n.f.)
Disque souple que l'on utilise pour enregistrer et conserver des données informatiques.

DRH
Directeur des Ressources Humaines ou Direction des Ressources Humaines.

E

Échéance (n. f.)
Date à laquelle une chose doit être faite.

Embauche (n.f.)
Action d'engager une personne pour un emploi.

Émetteur (n. m.)
L'émetteur d'un appel téléphonique est la personne qui appelle.

Employé (n. m.)
Personne qui travaille en échange d'un salaire, souvent payé au mois.

Employeur (n. m.)
Personne qui fait travailler quelqu'un en échange d'un salaire.

Encre (n.f.)
Liquide de couleur utilisé pour écrire ou imprimer. « J'ai un stylo à encre bleue. »

Entreprise (n.f.)
Établissement industriel ou commercial.

Équipe (n.f.)
Groupe de personnes qui travaillent ensemble.

Escale (n.f.)
Un vol sans escale est un vol direct.

Essentiel (adj.)
Indispensable.

Étape (n.f.)
Moment, partie. Ce travail se fait en plusieurs étapes, on ne peut pas le faire en une seule fois.

Étiquette (n.f.)
Petit morceau de papier qui se colle sur un dossier, un objet, pour en indiquer le contenu.

Évacuer (v.)
Suitter un lieu par nécessité.

Exercer un métier (loc.)
Pratiquer une activité professionnelle.

Expédier une lettre (loc.)
Envoyer une lettre.

Expéditeur (n. m.)
Personne qui envoie une lettre. Désigne aussi la personne qui écrit la lettre.

Expérience (n.f.)
Pratique d'une activité qui enrichit, qui permet d'apprendre.

Expérimenté (adj.)
Qui a de l'expérience.

F

Fabrication (n.f.)
Action de créer, de produire.

Faciliter (v.)
Rendre plus facile, plus simple le déroulement d'une action.

Facture (n.f.)
Document qui indique de façon détaillée un prix à payer.

Faire circuler une information (loc.)
Porter une information à la connaissance de plusieurs personnes.

Faute grave (loc.)
Important manquement à une obligation.

Favoriser (v.)
Aider, agir en faveur de quelqu'un ou de quelque chose.

Fax (n. m.)
1. Télécopie, copie d'un document transmise par l'intermédiaire d'une ligne téléphonique. 2. Appareil qui permet de réaliser cette copie.

Femme enceinte (loc.)
Femme qui attend un enfant : « Cette femme est enceinte de huit mois. »

Ferme (pour un contrat) (adj.)
Qui ne change pas, fixe, définitif. « Le contrat devient ferme après la période d'essai ».

Fiche de poste (loc.)
Elle décrit les différentes tâches à effectuer dans le cadre d'une profession.

Filiale (n.f.)
Société dirigée par une société plus importante, la société mère.

Filtrer les appels (loc.)
Faire barrage aux appels téléphoniques non désirés et orienter les autres vers la personne concernée.

Financement (n. m.)
Argent utilisé pour la réalisation d'un projet.

Fixer un rendez-vous (loc.)
Décider d'un lieu et d'une heure de rendez-vous.

Fonction (n.f.)
Activité professionnelle. Au pluriel, signifie l'ensemble des activités prévues dans le cadre d'une profession.

Formulaire (n. m.)
Document imprimé à compléter pour donner des informations.

Fournisseur (n. m.)
Personne qui vend, qui procure des marchandises à l'entreprise.

Fournitures (n. f. pl.)
Objets utilisés pour travailler.

Fractionner (v.)
Diviser en parties.

G

Gérer (v.)
S'occuper de, prendre en charge.

Gigantesque (adj.)
Très grand, immense.

Gomme (n.f.)
Petit outil de bureau qui permet d'effacer le crayon.

Grève (n.f.)
Les employés font grève quand ils décident d'arrêter le travail pour manifester leur mécontentement lié aux conditions de travail ou pour dénoncer une décision qu'ils trouvent injuste.

Groupe de travail (loc.)
Personnes réunies pour travailler ensemble.

H

Handicapé (adj. et n. m.)
Une personne handicapée est une personne défavorisée par un problème d'ordre physique ou mental.

Hebdomadaire (adj.)
Qui a lieu chaque semaine.

Hébergement (n. m.)
Habitation, logement d'assez courte durée.

Hiérarchie (n.f.)
Classement des employés selon leur statut et leurs responbilités dans l'entreprise.

Historique (n.m.)
Présentation de faits selon une chronologie.

Hôtesse d'accueil (n.f.)
Profession d'une personne qui travaille à l'accueil d'une entreprise, son rôle est d'accueillir les visiteurs.

I

Imprimante (n.f.)
Appareil relié à l'ordinateur qui permet d'imprimer, de reproduire des textes, des graphiques…

Incident (n.m.)
Difficulté imprévue.

Inciter (v.)
Encourager. « Elle a incité son ami à présenter sa candidature ».

Inconvénient (n.m.)
Défaut, désavantage.

Indélébile (adj.)
Caractéristique d'une encre qui ne s'efface pas.

Indemnité (n.f.)
Argent donné à une personne pour compenser une situation (indemnité de précarité) ou des frais engagés (indemnité de transport).

Indiquer (v.)
Montrer, signaler.

Individuel (adj.)
Qui concerne une seule personne.

Insérer (v.)
Ajouter.

Inspection du travail (loc.)
Service public de contrôle de l'application de la réglementation du travail.

Instructions (n. f. pl.)
Consignes, explications données pour réaliser une tâche.

Interlocuteur (n. m.)
Personne à laquelle on s'adresse à l'oral ou à l'écrit.

Internet (n. m.)
Système d'échange d'information ouvert sur le monde qui utilise les techniques informatiques. Il permet la communication en très grand nombre en temps réel.

Intranet (n. m.)
Réseau interne à l'entreprise qui utilise les technologies de l'Internet. Mis en place pour faciliter l'échange d'informations dans l'entreprise.

J

Jour férié (loc.)
Jour où on ne travaille pas parce qu'il y a une fête légale (religieuse ou civile).

Journée « portes ouvertes » (loc.)
Journée lors de laquelle l'entreprise est ouverte au public.

Justifier (v.)
Donner des raisons, des explications.

L

Lampe de bureau (loc.)
Objet électrique qui, posé sur le bureau, permet d'éclairer le plan de travail.

Lettre de motivation / lettre de candidature (loc.)
Lettre par laquelle une personne présente sa candidature à un emploi, elle accompagne le CV.

M

Marqueur (n. m.)
Gros feutre qui permet d'écrire sur un tableau ou sur des cartons (déménagement).

Mensuel (adj.)
Qui a lieu chaque mois.

Mèl (n. m.)
Courrier électronique. Traduction française d'e-mail.

Métier (n. m.)
Profession.

Mettre à l'aise (loc.)
Contribuer à détendre les personnes avec qui on se trouve.

Mission (n.f.)
Action que l'on est chargé de faire. « Il part en mission pour une semaine : il va rencontrer des clients et négocier de nouveaux contrats ».

Modérateur (n. m.)
Personne qui, dans une réunion, joue le rôle de régulateur, elle se charge par exemple de distribuer la parole.

Modification (n.f.)
Changement, rectification.

Modifier (v.)
Changer une partie de l'ensemble, transformer.

Monopoliser la parole (loc.)
Garder la parole sans donner aux autres l'occasion d'intervenir.

Montant (n. m.)
Prix.

Mot de passe (loc.)
Code d'accès.

Motivé (adj.)
Personne qui manifeste l'envie d'agir.

N

Note de service (loc.)
Document interne à l'entreprise qui s'adresse à plusieurs personnes et qui permet d'informer d'une décision. La note de service circule de haut en bas de la hiérarchie de l'entreprise.

Numéro de sécurité sociale (loc.)
Numéro attribué en France à chaque personne qui permet d'accéder aux services de sécurité sociale, liés à l'assurance maladie. Chaque numéro contient des éléments liés à chacun : sexe (masculin ou féminin), date de naissance, lieu de naissance…

O

Obligatoire (adj.)
Imposé, exigé.

Ordinateur (n. m.)
Outil, machine électronique qui utilise les techniques informatiques. Aujourd'hui, chaque secrétaire utilise un ordinateur. Pour faciliter les déplacements, l'ordinateur peut être portable.

Organigramme (n.m.)
Schéma qui présente les différents services de l'entreprise et son organisation.

P

Panne (n.f.)
Interruption dans le fonctionnement d'un appareil lié à un incident technique.

Partie (n.f.)
Personne qui s'engage par la signature d'un contrat.

Patient (n. m.)
Personne malade qui consulte un médecin.

Percevoir (v.)
Recevoir un salaire pour un travail fourni.

Période d'essai (loc.)
Période prévue par contrat pendant laquelle, par exemple, l'employé est à l'essai dans l'entreprise : il vérifie que l'emploi pour lequel il est recruté correspond à ses attentes et l'employeur observe aussi s'il donne satisfaction. Cette période est en début de contrat et sa durée varie selon les contrats.

Permis(e) (adj.)
Autorisé.

Petit matériel (loc.)
Désigne les fournitures courantes de bureau (cahier, stylo, colle…)

Se perfectionner (v.)
S'améliorer, progresser.

Pièce jointe (n.f.)
Fichier attaché au message électronique. Elle permet d'ajouter un document auquel on fait référence dans le message. La pièce jointe peut-être un plan, un CV...

Planifier (v.)
Établir un planning, prévoir à l'avance une ou plusieurs activités.

PME-PMI (loc.)
Petites et moyennes entreprises / petites et moyennes industries.

Point de vue (loc.)
Avis, opinion.

Polyvalence (n.f.)
Capacité à exercer différentes tâches.

Prévoir (v.)
Organiser à l'avance ce qui peut arriver dans l'avenir.

Primordial (adj.)
Très important.

Profession (n.f.)
Métier, emploi.

R

Ranger (v.)
Mettre en ordre.

Rapatriement (n. m.)
Fait de faire revenir quelqu'un dans son pays en cas de problème.

Recommandation (n.f.)
Conseil, avertissement.

Récent (adj.)
Nouveau.

Recrutement (n.m.)
Action par laquelle on embauche du personnel.

Recruteur (n.m.)
Personne qui recrute, qui s'occupe d'embaucher les salariés de l'entreprise.

Rédaction (n.f.)
Action d'écrire un texte, de rédiger.

Rédiger (v.)
Écrire un texte, mettre en forme à l'écrit.

Réfectoire (n. m.)
Lieu collectif pour manger.

Référence (n.f.)
Indication qui permet de reconnaître un objet.

Relance (de paiement) (n.f.)
Action de rappeler à quelqu'un qu'il n'a pas payé ce qu'il doit.

Remédier à un problème (loc.)
Résoudre un problème, trouver une solution à un problème.

Remplacement (n. m.)
Action de remplacer quelqu'un qui est absent ou quelque chose qui manque.

Remplacer (v.)
Mettre à la place de quelqu'un ou de quelque chose.

Rémunération (n.f.)
Argent reçu en échange d'un travail.

Rénovation (n.f.)
Remise à neuf, modernisation.

Répartition (n.f.)
Distribution.

Répondeur (n. m.)
Boîte vocale intégrée ou reliée au téléphone qui permet de laisser un message vocal en l'absence de l'interlocuteur.

Report (n. m.)
Action par laquelle on remet à plus tard.

Représentant du personnel (loc.)
Personne qui représente officiellement ses collègues auprès de la direction de l'entreprise.

Responsable (n. m.)
Personne qui dirige un service et prend les décisions.

Restructuration (n.f.)
Réaménagement d'une structure.

Réunion (n.f.)
Rassemblement de personnes dans le but de discuter des sujets mis à l'ordre du jour et de prendre les décisions nécessaires.

Rigueur (n.f.)
Précision dans le travail.

S

Saisie (n.f.)
Action de saisir, d'écrire un texte sur ordinateur.

Salarié(e) (n.m. / n.f. / adj.)
Se dit d'une personne qui travaille dans une entreprise en échange d'un salaire.

Séjourner (v.)
Rester un certain temps quelque part sans s'y installer de façon définitive.

Sentiment d'appartenance (loc.)
Sentiment que l'on a d'appartenir à un groupe, à une entreprise par exemple.

Service (n. m.)
Secteur d'une entreprise. Chaque service a une fonction précise (service technique, service médical).

Siège (d'une entreprise) (n. m.)
Lieu où se trouve la direction d'une société, d'une entreprise.

Silencieux (adj.)
Qui ne fait pas de bruit, où il n'y a pas de bruit.

Société (n.f.)
Entreprise.

Stagiaire (n. m.)
Qui fait un stage dans une entreprise. Le stagiaire découvre et apprend la réalité du métier.

Stimuler (v.)
Motiver, encourager.

Stylo (n. m.)
Petit outil que l'on tient dans la main et qui sert à écrire. Le stylo contient de l'encre.

Successivement (adv.)
L'un après l'autre.

Supérieur hiérarchique (loc.)
Personne qui dans la hiérarchie de l'entreprise se situe au-dessus, chef.

Synchroniser (v.)
Faire concorder, coordonner plusieurs actions.

Syndicat (n. m.)
Organisation qui défend les droits des travailleurs.

T

Tableau d'affichage (loc.)
Support accroché au mur sur lequel les informations sont données, affichées.

Tâche (n.f.)
Travail, activité à effectuer.

Tarif (n. m.)
Prix fixé.

Tiroir (n. m.)
Partie d'un meuble.

Touche (n.f.)
Petits carrés qui se trouvent sur le clavier d'un ordinateur, d'un téléphone. Des lettres, des chiffres ou d'autres signes sont inscrits sur les touches.

Tour CD (n.f.)
Outil qui permet de ranger des CD verticalement, en hauteur.

Tour de table (faire un) (loc.)
Action par laquelle les participants d'une réunion prennent tour à tour (les uns à la suite des autres) la parole pour se présenter ou exprimer leur point de vue.

Transmettre (v.)
Transmettre un message, le faire passer d'une personne à une autre (ou à plusieurs autres).

Trieur (n. m.)
Outil de bureau qui permet de classer, de trier des documents.

Trombinoscope (n. m.)
Document qui présente les différents employés d'une entreprise à l'aide de photos.

Trombone (n. m.)
Petit objet métallique qui permet de maintenir plusieurs feuilles ensemble.

Tutoyer (v.)
Dire tu.

U

Usage (n. m.)
1. Utilisation. 2. Habitude.

Usine (n.f.)
Établissement dans lequel on fabrique des objets à l'aide de machines.

V

Verrouillage des majuscules (loc.)
Action faite par la pression d'une touche de clavier d'ordinateur qui permet d'écrire automatiquement le texte en majuscules.

Visa (n. m.)
Annotation portée sur le passeport qui indique l'autorisation d'entrer dans un pays.

Vouvoyer
Dire vous.

CORRIGÉS

Chapitre 1 J'exerce un métier varié.

page 4

1 Association : Lisa ;
cabinet médical : Élodie;
entreprise : Laure.

page 5

2 a/3, b/1, c/2.

3 a : patients,
b : au contraire,
c : tout le monde,
d : services,
e : bénévoles,
f : fonctions.
g : assistante.

4

Opinions positives :	**Opinions négatives :**
C'est très motivant.	C'est ennuyeux.
C'est passionnant.	C'est lassant.
C'est intéressant.	C'est fatigant.
C'est captivant	

page 6

5 Réponse libre.

6 L'organigramme permet de présenter l'organisation de l'entreprise.

7 « Monsieur **Cabanes** dirige l'entreprise. Plusieurs personnes travaillent à ses côtés. L'**assistante** de direction s'appelle Marie Lemoine. Elle gère tous les dossiers de la direction et a aussi un rôle de conseiller.
– C'est la seule assistante de l'entreprise ?
– Non, bien sûr. Chaque **direction** a son assistante. Vous voyez, moi, je travaille au **service** des ressources humaines, nous nous occupons du recrutement et du suivi de la **carrière** du personnel. J'ai reçu votre CV, par exemple.
– Et vous avez décidé seule de me proposer un stage ?
– Non, comme vous faites des études de comptabilité, le service financier est intéressant pour vous. Monsieur **Durand** a donné son accord. Mais vous pourrez aussi aller observer ce qui se passe dans les autres services. Comment on fabrique les cahiers par exemple : pour cela vous irez voir Monsieur **Sentis**. Et pour savoir comment ils sont vendus : Monsieur **Amor** vous expliquera !
– Merci beaucoup pour ces explications Madame Martin. »

page 7

8 Avant : **passé composé** ; maintenant : **présent** ; après : **futur simple**.

9

Hier :
Elle est arrivée à huit heures et s'est présentée à l'accueil.
L'hôtesse d'accueil a annoncé son arrivée et Madame Martin est venue à sa rencontre.
Madame Martin a expliqué à Sophie l'organisation de l'entreprise et lui a présenté ses collègues.

Aujourd'hui :
Sophie partage son bureau avec deux autres secrétaires.
Elle travaille au service financier de l'entreprise.
Elle comprend le fonctionnement de ce service et met en pratique ce qu'elle a appris pendant ses études.

Demain :
Elle continuera à observer le travail de ses collègues.
Peu à peu, on lui confiera des tâches.
Elle découvrira alors les différentes fonctions d'une secrétaire.

page 8

10 Réponse libre.

page 9

11 Ces annonces sont des offres d'emploi.

12 Les employeurs insistent sur les compétences des secrétaires.

13

	Structure	Poste	Qualités	Contact
1	Importante société	Secrétaire polyvalente	sens de l'organisation et de l'initiative, rigueur et grande disponibilité	Journal, Réf SPG
2	L'association *Loisirs pour tous*	Emploi de secrétariat	motivée, souriant(e), à l'écoute	Se présenter avec CV au local de l'association, 20 rue Casanova
3	Boutiques de mode	Secrétaire comptable	esprit d'équipe et excellent relationnel	dfourcade@lilamode.fr

14

a.	b.	c.	d.	e.	f.	g.	h.	i.	j.	k.	l.
8	7	9	11	12	2	4	10	3	5	1	6

page 10

15 motivé / motivée ; expérimenté / expérimentée ; polyvalent / polyvalente ; souriant / souriante ; disponible / disponible ; autonome / autonome ; créatif / créative ; attentif / attentive ; réactif / réactive ; discret / discrète ; rigoureux / rigoureuse ; professionnel / professionnelle.

16 **a)** discrète ; **b)** rigoureuse ; **c)** disponible ; **d)** souriante.

17 « Vous êtes autonome, réactive et motivée »
« Association d'aide aux familles cherche secrétaire expérimentée, attentive et accueillante. »

page 11

18 Offre : annonces **a** et **d**. Demande : annonces **b** et **c**.

19 Réponse libre.

page 12

20 « je ne refuse jamais de compléter mon travail par d'autres tâches »

21 Corrigé possible :

Tâches effectuées par une secrétaire/assistante	Fonctions habituelles	Fonctions annexes
Arroser les plantes vertes de tout le service		x
Accueillir les visiteurs	x	
Répondre au téléphone	x	
Recoudre les boutons de son patron		x
Faire le ménage quand la femme de ménage est malade		x
Réceptionner le courrier	x	
Faire le café et le servir		x
Effectuer le classement	x	
Organiser une fête pour un départ en retraite	x	

page 14

22 **a) Faux**. Justification : « c'est récent »
b) Faux. Justification : « nous sommes quatre secrétaires pour six cadres »
c) Vrai. « il y a pas mal d'avantages à travailler en équipe »

23 **a)** Nous pouvons mieux gérer notre temps.
b) Nous avons trouvé une meilleure organisation du travail.
c) Si l'une d'entre nous est absente, c'est plus facile de la remplacer.
d) C'est bien de pouvoir s'entraider.

pages 15-16

24 Le **T.R.T.** est un **T**ableau de **R**épartition des **T**âches.

25 et **26**

Qui ? Quoi ?	a) Anna	b) Patricia	c) Laure	d) Nathalie
Classement		*	*	*
Gestion des fournitures		*		
Téléphone				
• accueil téléphonique			*	*
• prise de rendez-vous			*	
Organisation des déplacements	*		*	
Réunions				
• préparation	*	*	*	
• participation	*	*		
• compte rendu	*	*		
Courrier *arrivée*				
• ouverture				*
• lecture				*
• enregistrement				*
• distribution				*
Courrier départ				
• rédaction	*	*	*	
• saisie	*	*	*	
• relecture	*	*	*	
• expédition				*

27

1	2	3	4	5	6	7	8	9	10	11	12	13	14	15	16
g.	j.	n.	c.	h.	e.	a.	l.	p.	m.	d.	i.	b.	o.	k.	f.

28 **a)** « les » remplace « les lettres ».
« le » et « l' » remplacent « le courrier ».
« les », « le » et « l' » sont des **pronoms**.
b) Quand le COD est un nom il est placé **après** le verbe.
Quand le COD est un pronom il est placé **avant** le verbe.

page 17

29 Anna : « Les cadres de notre service font beaucoup de déplacements, je **les** planifie. Quand il y a une réunion, je **l'**organise du début à la fin : d'abord je **la** prépare, ensuite j'y participe et, enfin, je fais un compte-rendu. Je ne m'occupe pas du courrier reçu par notre service mais du courrier *départ* : je **le** rédige. Je saisis chaque lettre, je **la** relis et je **l'**expédie. »

Chapitre 2 J'organise mon poste de travail

page 18

30 Les descriptions sont faites du point de vue...
a) ... du groupe de travail : renforce l'esprit d'équipe, isole du reste de l'équipe.
b) ... du confort personnel : est trop bruyant, garantit l'intimité de chacun.
c) ... des relations avec les partenaires extérieurs : permet de recevoir des visiteurs avec convivialité, pose problème lorsque l'on doit contacter un client pour relance de paiement par exemple.
d) ... de l'intérêt économique : coûte plus cher à l'entreprise, permet de gagner de l'espace.

page 19

31

	+ pour	– contre
a. Bureau paysager	– permet de gagner de l'espace – renforce l'esprit d'équipe	– est trop bruyant – pose problème lorsque l'on doit contacter un client pour relance de paiement par exemple
b. Bureau cloisonné	– garantit l'intimité de chacun – permet de recevoir des visiteurs avec convivialité,	– coûte plus cher à l'entreprise – isole du reste de l'équipe

32

a	b	c	d	e
3	1	4	5	2

33 « C'est un placard à balai ! » signifie : le bureau est petit.
« C'est un vrai four ! » signifie : le bureau est chaud.
« Quel bazar ! » signifie : le bureau est désordonné.

page 20

34 La plante verte et le cadre avec les photos peuvent personnaliser le bureau et le rendre plus agréable, mais ils ne sont pas indispensables.

page 21

35 **1.** d – **2.** a – **3.** c – **4.** g – **5.** b – **6.** f – **7.** e

page 22

36 **a)** Laura fait une commande le 15 de chaque mois : **Vrai**.
Justification : Nous sommes bientôt le 15 du mois, et comme d'habitude, je prépare la commande de petit matériel.
b) Cette affiche date du mois d'avril : **Faux**.
Justification : je serai en vacances en juillet et il n'y aura donc pas de commande le mois prochain.
c) Les employés peuvent choisir parmi six choses : **Faux**.
Justification : six choses sont proposées, mais la case « autres » permet d'ajouter un ou plusieurs produits.

37 **a)** Papier de qualité / **b)** Gomme en matière synthétique / **c)** Boîte de 100 / **d)** Lot de 4 stylos à bille / **e)** Tube de colle sans odeur / **f)** Crayons à papier en bois du Jura. / **g)** Bloc notes. / **h)** Paire de ciseaux. / **i)** Boîte de marqueurs. / **j)** Cartouche d'encre.

page 23

38

Référence	Notez ici tous vos articles	Quantité	Prix unitaire	Prix total HT
58-36-318	Papier de qualité	4	5 €	20 €
58-36-319	Gomme en matière synthétique	2	0,80 €	1,60 €
58-36-320	Boîte de 100 trombones	2	2 €	4 €
58-36-321	Lot de 4 stylos à bille	4	1,50 €	6 €
58-36-322	Tube de colle	4	1,90 €	7,60 €
58-36-323	Crayon à papier	2	3,10 €	6,20 €

39

1.	**2.**	**3.**
chronologique	alphabétique	thématique

page 24

40

Dossiers clients
Monsieur Mohammed Alaoui
Monsieur Daniel Dufour
Madame Jeanne Dujardin
Madame Julia Gonzales
Monsieur Denis Leroy
Monsieur Patrice Lutin
Madame Michèle Texier

41 **1.** f – **2.** b – **3.** d – **4.** a – **5.** e – **6.** c

page 25

42

Quel matériel de classement ?	Dans quel meuble ?
Une disquette	Dans une boîte à disquettes
Un dossier suspendu	un trieur
Une boîte à archives (revues)	une armoire coulissante
Une chemise à rabats	un meuble 3 tiroirs
Une boîte à archives	une armoire coulissante
Un classeur à broche	une armoire coulissante
Un dossier à sangle	un caisson à clapets

Chapitre 3 Je fais circuler l'information dans l'entreprise

page 27

43

L'information s'adresse à...	... une personne en particulier	... l'ensemble du personnel de l'entreprise
Info n° 1	X	
Info n° 2		X
Info n° 3		X
Info n° 4	X	

44 Il s'agit de l'information n°2 et n°3.

45 **1.** b – **2.** d – **3.** a – **4.** c

page 28

46 Cette affiche donne des consignes.

47

	V	F
En cas de problème, il faut déclencher l'alarme.		X
Au téléphone, on doit indiquer sa profession.		X
Il est important d'être précis pour indiquer l'endroit du problème.	X	
Quand on a donné les informations, on peut couper la communication.		X

48 Verbes de l'affiche qui disent de faire (ou de ne pas faire) quelque chose :
– composez
– indiquez
– ne raccrochez pas
Ils sont conjugués sans pronom sujet, à l'impératif.

page 29

49 Les formes utilisées dans le document pour donner des consignes sont **l'infinitif** et **un nom**.

50 Quand on entend l'alarme, il y a deux choses à ne pas faire, il s'agit : de **revenir en arrière** et de **prendre les ascenseurs**. Deux phrases du document recommandent de ne pas le faire :
« **Ne jamais revenir** en arrière », « **INTERDICTION** de prendre les ascenseurs ».

51 Les deux phrases sont à la forme négative. Les adverbes de négation n'ont pas la même place dans les deux phrases : quand le verbe est à l'**impératif** ils sont placés autour du verbe, quand le verbe est à l'**infinitif** ils sont placés avant le verbe.

52 Si vous entendez retentir l'alarme, **cessez** toute activité, **prenez** vos affaires personnelles et **éteignez** votre cigarette dans un cendrier. **Fermez** les portes et les fenêtres et **évacuez** les locaux. Assistez les personnes handicapées. Surtout, **ne revenez jamais** en arrière et **ne prenez jamais** l'ascenseur.

page 30

53 Réponse libre.

54 Les employés de cette entreprise déjeunent tous à la même heure : **faux**
Une minorité de personnes choisit de manger avant midi : **vrai**
Plus de trente salariés sont présents dans le réfectoire à midi : **vrai**
Cette affiche permet à chaque salarié de connaître les moments où il peut manger plus tranquillement : **vrai**

55 Réponse libre.

page 31

56 Qui donne l'information ? La commission culturelle.
À qui est destinée l'information ? Aux employés de l'entreprise.
Quelle activité est proposée ? Une sortie.
Quand la sortie est-elle prévue ? Le samedi 5 juin.
Où est-elle prévue ? À Paris.

57 Monsieur Bordenave arrive dans votre bureau le 27 mai. Vous lui dites :
« L'inscription n'est pas possible car la date limite d'inscription est dépassée. »
Mademoiselle Sanchez veut savoir ce qu'il y aura à manger pour le goûter. Vous répondez :
« Des pains au chocolat et du jus de fruits. »

page 33

58 Qui écrit la note ? (L'émetteur) Jean Lecœur.
Dans quelle entreprise travaille cette personne ? (Le nom ou le logo de l'entreprise) La société ***Bien manger***.
Quelle est sa profession dans l'entreprise ? (La fonction) Il est directeur.
Dans quel service ? (Le nom du service) La direction.
À qui s'adresse-t-il ? (Les destinataires) Il s'adresse à l'ensemble du personnel.
Quand la note est-elle écrite ? (La date) Le 12 février 20..
Quel est le thème de la note ? (L'objet) Le déménagement.

59

a.	b.	c.	d.	e.	f.	g.
5	6	4	2	3	1	7

page 34

60 La note de service a pour but l'application d'une décision.
61 La note de service contient une formule de politesse : **faux**.
Le ton est impératif et courtois.

page 35

62

Société *XXXXXX*
La direction

à
L'ensemble du personnel

Le 20 septembre 20..

Note de service n°...

Objet : journée « portes ouvertes »

La journée « portes ouvertes » aura lieu le 3 novembre prochain.

Pour faire de ce moment une réussite, nous vous demandons de vous préparer à présenter les différentes étapes de la chaîne de production et les tous les métiers de notre société.

Vous pourrez vous appuyer sur ce qui a été fait l'an dernier. N'hésitez pas à prendre des initiatives pour renouveler l'intérêt des visiteurs assidus. Merci de votre collaboration.

La directrice
Madame Leroy

63

	Alain	Marianne	Stéphane
Avec intranet on a des informations récentes.			*
Intranet nous fait gagner du temps.	*		
Grâce à intranet on fait des économies.		*	

page 36

64 **1.** b – **2.** a – **3.** e – **4.** c – **5.** d

page 37

65

1	2	3	4	5	6	7
f	b	e	g	c	d	a

page 38

66

	Convocation	Refus
« J'ai le regret de vous informer que le poste est pourvu »		*
« J'ai bien reçu votre candidature et vous en remercie. Malheureusement nous n'avons aucun poste disponible. »		*
« Votre candidature a retenu notre attention et nous souhaiterions vous rencontrer. »	*	
« Après étude de l'ensemble des candidatures reçues, j'ai le regret de vous annoncer qu'il ne m'est pas possible de réserver une suite favorable à votre demande. »		*
« Nous avons le plaisir de vous annoncer que vous avez été retenu lors d'une première sélection. Afin de poursuivre l'examen de votre candidature, nous vous prions de vous présenter dans nos bureaux »	*	

page 39

67 Luc habite en province. Luc est embauché pour un emploi administratif.

page 40

68 Luc a signé un contrat de six mois : **faux**.
Justification : « une durée de **16 semaines** »
Luc remplace une femme enceinte : **vrai**.
Justification : « en remplacement de Madame Carmen Tora **en congé maternité** »
À la fin de chaque mois, Luc recevra 1450 euros sur son compte en banque : **faux**.
Justification : « Monsieur Luc Fontaine percevra une rémunération mensuelle **brute** de 1450 euros »

69

« Alors ce nouveau travail, tu commences quand ?
– Le 11 juillet, mais demain je rencontre la personne que je remplace : elle doit m'expliquer le fonctionnement du service.
– Qu'est ce c'est exactement l'intitulé de ton poste ?
– Je suis employé de bureau polyvalent. En gros, c'est du travail de secrétariat.
– Et tu es bien payé ?
– 1450 euros brut et 10% de précarité à la fin du contrat.
– Je suis contente pour toi, c'est une bonne nouvelle ce boulot.
– Oui, enfin j'espère qu'ils seront contents de mon travail. Je vais d'abord commencer par une période d'essai : je dois faire mes preuves ! »

70 Réponse libre.

page 41

71

1. Les deux collègues aiment prendre leurs congés en même temps : **faux**.
Justification : « quand mes enfants n'ont pas école. » / « en dehors des vacances scolaires. »
2. L'homme s'ennuie quand il reste chez lui : **faux**.
Justification : « j'aime aussi être à la maison sans rien planifier »
3. La femme souhaite profiter de ses vacances pour découvrir de nouvelles régions : **vrai**.
Justification : « j'aime bien voyager »

page 42

72 réponse libre

page 43

73

Fiche de traitement de demande de CIF
Nom du salarié : **Dumont**
Ancienneté dans la branche : /
Date d'entrée : **01/09/2001**
Total de l'ancienneté : **4 ans et deux mois**
Conditions d'accès respectées : ☒ oui ? ❑ non
Date et intitulé du stage demandé : **l'informatique appliquée à la comptabilité, 30/05/2005- 10/06/2005**
Date de dépôt de demande : **15/11/2004**
Délais de dépôt respecté : ? ☒ oui ? ❑ non
☒ Accepté ? ❑ Refusé

page 44

74

Délai	Tâches	Date de réalisation
J – 20	Réserver la salle de réunion en fonction du nombre de participants.	
J – 15	Rassembler diverses informations : l'ordre du jour, le nom des participants, les documents à distribuer pendant la réunion.	
J – 12	Préparer les documents et les transparents.	
J – 7	Envoyer les convocations et l'ordre du jour.	
J – 4	Reproduire les documents à distribuer.	
J – 1	Préparer le dossier pour l'animateur de la réunion (les transparents, les documents à distribuer, le plan de table).	
J – 1	Vérifier la salle réservée et le matériel (le tableau papier, les feutres, le rétroprojecteur, l'écran, ...)	

page 45

75

1. Salle Diderot
2. Le 21 mars 2005
3. 1 h 20 (prévision)
4. Non.
5. Mademoiselle Marolle + toute personne souhaitant le faire à titre personnel.
6. Oui, il s'agit de Madame Amor, architecte.
7. Les plans de restructuration.

page 46

76

1.	2.	3.	4.	5.	6.
e.	a.	f.	c.	b.	d.

page 47

77 **1.** c – **2.** f – **3.** g – **4.** a – **5.** h – **6.** b – **7.** e – **8.** d

Chapitre 4 Je gère l'agenda de mon « patron »

page 48

78

1. Le document est **un agenda papier**.
2. Seuls les rendez-vous professionnels sont inscrits sur l'agenda : **faux**.
3. Les lieux de rendez-vous sont toujours précisés : **faux**.
4. Les activités de Monsieur Royal sont **notées sous forme de noms**.
5. Un espace est réservé pour écrire les activités les plus importantes : **vrai**.

page 49

79 « *Royal et associés*, Nadia Faure, bonjour.
– Bonjour Madame Faure, je suis Monsieur Lebon de la société Aubaine. Je souhaiterais rencontrer M. Royal pour lui présenter nos nouveautés.
– Oui Monsieur Lebon, je suis au courant. ***Monsieur Royal m'a prévenu de votre appel***. Quand souhaitez-vous le rencontrer ?
– Je suis disponible toute la journée du 22 septembre.
– ***Helas, ce ne sera pas possible ce jour-là, Monsieur Royal aura une journée très chargée.***
– Bon, et le lendemain ?
– Le mardi 23 se sera sans doute plus facile. ***Je peux vous proposer un rendez-vous en début d'après-midi, qu'en dites-vous ?***
– C'est parfait pour moi. À quelle heure exactement ?
– ***Nous vous attendons à 14 heures.***
– Très bien, merci Madame Faure.
– Je vous en prie. Au revoir, bonne journée Monsieur Lebon. »

80 • Mardi 23 : 14 h – Rdv : M. Lebon.
• Mercredi 24 : 9 h - 11 h – cours d'anglais.
• Mercredi 24 : 12 h – déjeuner avec Sabine.

page 50

81

Témoignages des secrétaires	Agenda papier	Agenda électronique	Opinion positive	Opinion négative
« Avec cet outil, on a la possibilité d'ajouter de nombreuses informations au sujet des rendez-vous. Par exemple je crée un lien pour une réunion : il me suffit de cliquer dessus et je peux lire tout ce qu'il y a à faire pour la préparation de cette réunion. C'est vraiment pratique ! »		×	×	
« J'aime bien écrire avec des couleurs différentes en fonction des rendez-vous. L'agenda c'est un objet professionnel mais que l'on peut personnaliser. »	×		×	
« C'est peut-être moderne mais quand il y a une panne informatique on est complètement perdu, on ne sait plus du tout ce qui est prévu ! »		×		×
« Ouvrir l'ordinateur au bon endroit quand on prend les rendez-vous par téléphone fait perdre beaucoup trop de temps. C'est difficile d'être concentrée sur ce que nous dit la personne à l'autre bout du fil et sur les différentes fenêtres qui défilent pour arriver à la bonne page ! Je dis peut-être cela parce que je n'ai pas l'habitude, mais c'est vrai que je préfère garder un outil plus traditionnel. »		×		×

page 51

82

1.	2.	3.	4.	5.
d.	a	e	b	c

83 Réponse libre.

page 52

84 **1.** Pierre Royal annonce un déplacement.
2. Il a décidé de la date après concertation avec un collaborateur.
3. Il restera à Saint-Jean-de-Luz une journée.
4. Saint-Jean-de-Luz se trouve en province.
5. Le taxi viendra le chercher chez lui.
6. Monsieur Royal avait d'autres rendez-vous le 3 novembre : vrai.
Justification : « annuler les rendez-vous prévus ce jour-là »
7. Il accorde de l'importance à la météo : vrai.
Justification : « Pourrez-vous vérifier le temps qu'il fera dans le sud-ouest la veille de mon départ ? »

page 53

85

Ordre	Tâches à effectuer
2	Réserver le billet d'avion
5	Consulter le bulletin météo sur Internet, en informer Monsieur Royal.
1	Se renseigner sur l'heure du premier rendez-vous de la journée, sur celui du dernier et sur sa durée.
3	Prévoir le déplacement à l'aéroport, pour l'aller et le retour.
4	Réserver un taxi parisien pour le matin et le soir.

page 54

86 **1. a) faux** ; justification : horaires donnés du mardi 2 au lundi 8.
b) faux ; justification : des escales à Lyon ou à Nice pour certains vols.
c) faux ; justifications : ils sont donnés dans un ordre qui tient compte de la durée totale du voyage (du plus court au plus long)
2.

	ALLER	RETOUR
Ville de départ	Paris	Saint-Jean-de-Luz
Aéroport de départ	Paris Orly	Biarritz (BIQ)
Ville d'arrivée	Saint-Jean-de-Luz	Paris
Aéroport d'arrivée	Biarritz (BIQ)	Paris Orly
Heure de départ	08 h 35	19 h 05
Heure d'arrivée	09 h 55	20 h 25
Numéro de vol	AF7480	AF7491
Vol direct	oui	oui
Escale	non	non

page 55

87

1.	2.	3.	4.	5.
c. / f.	d.	b. / g.	e.	a.

page 56

88 Réponse libre.

89 **1.** un appartement meublé ; **2.** l'hôtel ; **3.** la résidence hôtelière.

page 57

90 **1.** Ce texte est une publicité.
2. Les services proposés sont gratuits : **faux**.

91 **1.** Pour avoir plus de place, s'asseoir près des issues de secours.
2. Il fait souvent froid dans l'avion : apportez un pull et des chaussettes.
3. Apporter une trousse de toilette pour rester frais toute la durée du vol.
4. Pour éviter d'être trop perturbé par le décalage horaire du pays de destination, réglez votre montre à l'heure dès que vous êtes assis dans l'avion.

Chapitre 5 Je communique avec les partenaires extérieurs

page 58

92

1. Quand il s'adresse à son assistante, Monsieur Martin la vouvoie.
2. Ils s'appellent par leur prénom.
3. Cette note d'information est un document informel.
4. Suite à la lecture de cette note, l'assistante va contacter la société OVIVE par téléphone.
5.

Fiche d'appel téléphonique
Entreprise : OVIVE Numéro de téléphone : 01.49.65.80.00
Service à demander : service commercial
Personne à contacter : assistante de Monsieur Dulac Poste : 8874
Document(s) à consulter : agenda Monsieur Martin
Information(s) importante(s) à indiquer : rendez-vous rapide, Monsieur Dulac au courant.

page 59

93

Traits caractéristiques de la parole	Conseils
La clarté	N° 3
Le rythme	N° 1
L'articulation	N° 2
L'intonation	N° 4

page 60

94 Autocorrection *ou* intercorrection : s'enregistrer ou faire écouter sa production orale..

95 **1.** Par exemple : « Bonjour, Marie Lemoine, assistante de Monsieur Martin de la société OVIVE. Nous sommes le lundi 20 novembre, il est 11 heures. J'aurais souhaité prendre rapidement rendez-vous avec Monsieur Dulac. Merci de me rappeler au 01.48.26.09.74. À bientôt. »
2. Réponse libre.

page 61

96 **1.**

a.	b.	c.	d.	e.
4.	3.7.	1.	2. 6. 8.	5.

2. Intercorrection

page 62

97 **1. Prendre** rendez-vous
2. annuler un rendez-vous
3. retenir une table
4. convoquer une personne

98

~~« Fermez votre bureau à clé pour être sûr de ne pas être dérangée pendant les appels. »~~
~~« Si vous êtes occupée, laissez sonner. Si c'est important, ils rappelleront ! »~~
« Préparez une formule pour accueillir votre correspondant. »
« Souriez, ça s'entend à l'autre bout du fil ! »
« Écoutez votre correspondant et accordez de l'intérêt à ce qu'il dit en ponctuant votre écoute de certains mots : « tout à fait », « absolument », « oui », « je comprends » ... »
~~« Si besoin, faites répéter en précisant que vous n'avez rien compris à ce qu'il a dit. »~~
« Reformulez ou posez des questions pour vérifier que vous avez bien compris ce qui a été dit. »
« Toujours proposer de prendre un message. »

page 63

99 Réponse libre.

100 **1.** Vous lui accordez un rendez-vous. **2.** Vous lui expliquez fermement mais avec courtoisie que votre entreprise n'est pas intéressée. **3.** Vous prenez ses coordonnées.

page 64

101 **1.** Le bureau R 13 ; **2.** Le couloir ; **3.** La salle de réunion ; **4.** Le bureau R11 ; **5.** Le local à photocopies ; **6.** La machine à café ; **7.** Le secrétariat.

page 65

102 **1.** Faux : « comme convenu » ; **2.** Faux : « un plan du quartier où se trouvent **nos** bureaux », « **notre** entreprise se situe au 25 de la rue Véronèse. » ; **3.** Marie-Laure ajoute des explications au plan.

page 66

103

104 **1.** Réponse libre ; **2.** Rédigez des phrases sans oublier d'utiliser des prépositions de lieu pour situer les différentes pièces.

page 67

105 Réponse libre.

106 Élément de réponse : le décor et le lieu ne peuvent pas compenser l'indifférence de l'hôtesse d'accueil.

page 68

107 Réponse libre.

108 **1.** Hélène envoie cette lettre. **2.** vrai. **3.** faux. **4.** Le retard de livraison est lié à une panne de matériel.

page 70

109

1. *Monsieur,*
2. Je fais suite à notre entretien téléphonique du 25 septembre concernant la livraison d'un lot de 400 boîtes de légumes cuisinés.
3. J'ai le regret de vous informer que nous sommes dans l'impossibilité de respecter la date de livraison prévue initialement, à savoir, le 7 octobre.
4. En effet, un problème technique nous impose de repousser cette livraison à la semaine du 15 octobre.
5. Je vous prie d'excuser ce fâcheux contretemps. Je reste à votre disposition pour toute information complémentaire.
6. Veuillez agréer, Monsieur, mes salutations distinguées.

110 **1.**

a.	b.	c.	d.
4	2	3	1

2. Dans le casier « départ ».

page 71

111

Bon prix
43 avenue Denise Gosnat
94200 IVRY-SUR-SEINE

Boitengro
13 rue Henri Barbusse
94200 Ivry-sur-Seine

Ivry, le 30 septembre 20..

Objet : retard de livraison.

Monsieur,

Je me réfère à votre courrier du 28 septembre dernier. J'ai pris note du retard de livraison annoncé.

Afin de donner satisfaction à notre clientèle, nous sommes intéressés par tout autre produit proche de celui manquant.

Pouvez-vous nous faire une proposition rapide dans ce sens ?

Je vous en remercie par avance et vous prie de recevoir, Monsieur, mes salutations les meilleures.

(Nom du responsable
et non celui de la secrétaire)
(signature)

page 72

112 Proposition de corrigé

Boitengro
13 rue Henri Barbusse
94200 Ivry-sur-Seine

Bon prix
43 avenue Denise Gosnat
94200 Ivry-sur-Seine

Ivry, le 3 octobre 20..

Objet : proposition d'un produit de remplacement.

Monsieur,

Je fais suite à votre courrier du 30 septembre dernier.

J'ai le plaisir de vous proposer un lot de 200 boîtes de légumes à la provencale pour compenser le retard prévu des 400 autres boîtes de légumes cuisinés. La livraison se fera le 7 octobre.

J'espère que cette proposition vous donnera satisfaction. Je reste à votre disposition pour toute information complémentaire.

Veuillez agréer, Monsieur, mes salutations distinguées.

Ph. Leconte
(signature)

113

Bon prix
43 avenue Denise Gosnat
94200 Ivry-sur-Seine

N° d'éditeur : 10125271 - Juin 2005
Imprimé en France par EMD S.A.S. - N° d'imprimeur : 13763